刻意不在乎

告別垃圾話情勒！

日本國家心理師教你如何透過大腦機制，不在意閒言閒語，不必虧待自己

プロカウンセラーが教える他人の言葉をスルーする技術

作者─三木一太朗
譯者─許郁文

【前言】

你遇到「別人」或是聽「別人說話」，會有什麼感覺呢？

如果覺得「開心」、「親切」或是「想多聽一點（對方說的話）」，那當然是再好不過的事，但有時候是不是會覺得「很麻煩」、「有點討厭」、「很厭煩」？甚至會覺得「很可怕」呢？

我們往往不知道該怎麼面對別人以及別人所說的話。

常言道，每個人都是透過與「別人」的關係來形塑自己，但是很多人卻因為不知道該如何與別人相處而感到困擾。

學習理解別人與外界聲音的方法，往往是在充滿愛的成長過程之中，潛移默化而來，但是當家庭或學校屬於充滿壓力的環境，就很難學會這些方法。當我們在這種情況下長大，容易覺得生活充滿挫敗與痛苦，也會開始將那些不懂得面對他人或是外界聲音的困擾，全部「歸咎於自己的問題」。

這種「因為別人說的話牽動情緒」的現象，就是源自這種背景。

這世界存在著各種「具體」與「非具體」的社交規範以及價值觀。「具體的」部分通常能化為語言或文字，成為既定的規矩或價值判斷，而那些「非具體、不成文」的規矩，卻常是約定俗成，難以化為語言，更多的是「只有懂的人才懂」。

而我們總是一再地被那些「具體規範」洗腦。以「語言」為例，我們總是被告知「要傾聽別人說的話」、「聆聽很重要」，但在大多數的情況下，這些規範完全沒有意義。一直以來，遵守這些規範的我們，總是被別人隨口一句話耍得團團轉。

真正棘手的是，那些替代「不成文規矩」、「非具體規範」的理解方式，也把我們耍得團團轉。

比方說，我的本業是「心理諮詢師」，而心理學或是相關的領域普遍認同語言的價值，認為語言能夠幫助人們擺脫心理壓力，但也有人提出反論，認為那些心理啟發的書過度強調語言的影響性，反而讓語言成為心理壓力源。

或許是這些「具體規範」或是「不成文規矩」，讓那些對外界聲音進退維谷的人，總不自覺地賦予語言過多的意義，甚至過度地延伸。

也有不少人因為別人的意見而自我設限，或是感受到難以言喻的自卑。

這一切都是因為不了解語言的「具體規範」以及「不成文規矩」，以致我們總被各種所依賴的事物耍得團團轉。

尤其近年來在新冠疫情的影響之下，遠距工作模式迅速普及，透過ZOOM這類線上會議完成工作的情況也越來越多。如果是面對面，可以透過現場氣氛、當下感受，以及簡短問候等傳遞訊息，然而隔著屏幕的遠距模式很難透過上述的方式建立實際的互動，容易被表面的言語誤導。

越是認真、溫柔、善良的人，越想要忠實地遵守語言的「具體規範」，越容易因外在變化而受到影響，也越容易覺得生活很痛苦，而這種現象也常見於語言之外的領域。

我平常都以心理諮詢師的身份，替口吃、心理創傷或是依附障礙的患者進行臨床治療。

除了協助患者治癒過去的心理創傷，我這種心理諮詢師也能幫助人們透過自己學習那些「不成文規矩」或「非具體的理解」，找回自己在社會之中的棲身之處。

一如語言中那些「具體規範」所傳達的，傾聽真的那麼重要嗎？我們真的有必要那麼重視外界的聲音，甚至不惜讓自己因此陷入迷惘嗎？為了解決煩惱，就有必要讓大家知道，重新檢視自己面對「別人」與「外界聲音」的必要性，這也是我撰寫本書的動機之一。

本書主旨是學習不被話語情勒、不牽動情緒的方法，以及不在乎閒言閒語的技巧，而這些方法與技術都屬於「不成文規矩」或「非具體的理解」。其中除了探討「語言的意義」外，也會探討「該從哪個角度判讀他人意見」。光是依靠一些耍小聰明的解讀是無法解決溝通問題的。

因此本書為了讓大家學會不在乎閒言閒語而花了不少心思撰寫。所謂的「心思」，除了傳授技巧之外，也儘可能以具體的語彙描述，而這些內容也占了不少的篇幅。

為了學會這些技巧，首先要讓那些源自「具體規範」的「語彙」或是糾結「人類」的無形顧慮瓦解，讓我們找回與語言有關的「主權」。本書除了從臨床心理學觀察人類與語言，當然也會從社會的觀點直擊人類與語言的真相。這部分將在第三章說明。

接著會提到我們面對的問題、依附障礙、心理創傷這些問題。因為「了解自己」，才能學會不在乎。這部分則是第四章的內容。

接著是闡明「不在乎（忽視）的機制」。「忽視」絕對不是什麼密技或絕招，而是讓語言與人際關係能正常運作所不可或缺的技巧。這部分也會在第五章的時候說明，也希望能聊一些「忽視」與人類的主體性、創造性有關的內容。

最後想要告訴大家的是，那些能在平日實踐的忽視技巧。第六章將說明忽視技巧的概念，以及具體實踐的方法。

了解人類或是語言的真相，除了能學會忽視技巧，也能讓我們知道該怎麼解決其他煩惱以及生活的痛苦。這也是本書的目的之一。

如果這些嘗試都順利完成，那麼在讀完本書之際，你將不再害怕別人與外界的聲音，也能以自己為主體，隨心所欲地操控語言，找到與別人的相處之道。

但願本書能讓更多人找到更從容的生存之道。

三木一太朗

刻意不在乎：告別垃圾話情勒！日本國家心理師教你如何透過大腦機制，不在意閒言閒語，不必虧待自己

目錄

2 過度重視他人話語的理由

——「要懂得傾聽」這句緊箍咒

3 話語其實沒那麼有價值
——別人的話聽聽就好

4 容易被操控的原因
——依附障礙、心理創傷

5

語彙在忽視之後才開始活了過來

——利用忽視技巧取回自己的話語權

6 不要再被別人的話語操控！

——學會忽視技巧

1

被外界聲音耍得
團團轉與
遍體鱗傷的人

那個人說的話語，總是在腦海裡揮之不去……

不知道大家是否有過這種經驗：一直在意別人不經意脫口說出的某句話，即使回到家、即使放假休息的時候，仍一直忘不掉那句話？

明明知道這樣沒有任何意義，也一直告訴自己「再怎麼在意也於事無補」，但一回過神來，卻發現自己還一直想著那句話……。

因為在這些無意義的事情上浪費時間，被那些無意義的事情占據腦海而自責、沮喪，覺得自己太過軟弱。

「該不會那句話其實有什麼意義？」

有時候甚至會出現這種想法。明明有九成的理性知道那些閒言閒語沒有半點意義可言，但是剩下的一成卻轉換成擔心，害怕「對方討厭我」或是「對方點出我沒注意的問題」。

一旦「該不會……」這種想法浮現，就會覺得自己「不能錯過那些金玉良言」，也會告訴自己「非得認真思考那句話不可」。

有時候，別人會說一些看似意義深長的話，例如：「這件工作應該沒那麼順利喲！」常讓人覺得很負面、不吉利，又不得不十分在意。

明明知道，這不過是那個人的意見而已。

卻又忍不住問自己「要是那個人真的說對了，該怎麼辦？」這簡直就像是喝了占卜師的迷魂湯一樣，接著便陷入天人交戰，一會兒試著駁斥對方的意見，一會兒試著接受對方的意見。

為了讓自己成為什麼都不在意的人，會買書來看，或是鍛練自己的意志力，卻都徒勞無功……。

就算在職場，也常因為上司或是顧客的一句話而在意到不行。我們的工作壓力有很大的一部分都源自這類情況。

如果你在一個「什麼事情都由老闆說了算」的中小企業上班，因為老闆的一時興起而忙得團團轉這是不是稀鬆平常的事情呢？

若能夠「不在乎」這些事情就好了，但事情就是沒這麼簡單。

當你努力地擠出笑容，以一些言不及義的話回應對方，對方也越來越不開心……這類惡性循環其實所在多有。到底該怎麼做才對啊？

「別人好麻煩，好討厭啊！」

因為不知道該怎麼忽略別人說的每句話，因而害怕與他人相處，陷入社交恐懼症的人其實比想像中來得多。

對這些人來說，與別人說話就像吃了什麼難以消化的食物一樣，要向人開口說話，簡直就像是要了他的命。

這些人也很討厭那個必須與同事搭乘同一班電車上班的自己，或是在街頭看到認識的人，就一股腦地想要躲到街尾的自己。

或許你覺得只有自己這麼軟弱、這麼容易煩惱、這麼容易不知所措，但其實跟你一樣，擁有相同煩惱的人多不勝數。就我這個心理諮詢師的臨床經驗所及，最常見的煩惱之一就是「人際關係」以及「因為別人的一句話而不知該如何自處的情況」。

這樣的人通常誠實、溫柔，但這樣的個性卻反而讓他們難以忽視別人說的每句話。明明以為自己很認真地面對別人，卻經常覺得被別人反咬一口，或是認為自己被耍得團團轉。就算想要誠實地接受這一切，卻總是弄巧成拙。這就像是參加了一場只有自己不知道規則的競賽，只能躲在賽場的角落暗自哭泣。

本書的目的就是為了讓你以及那些因為別人一句話而忽喜忽憂的人不再受害、不再覺得生活很痛苦。

前面已經提到，許多人都跟你一樣，因為別人的意見而不知該如何是好，接下來就為大家介紹一些具代表性的例子。

◆　◆　◆

事例

因爲上司與顧客的一句話忙得團團轉的B先生

B先生是一位非常認真的人，就算在職場，也總是提醒自己，傾聽別人的意見，還會一一做筆記。剛進公司的時候，還不算吃力，但是當年資越來越深，就覺得越來越力不從心。

一方面是因為工作越來越複雜，越來越需要與相關人士協調、聯繫，所以傾聽別人的意見反而讓自己因此陷入迷惘。

這種情況尤其在調了部門、換了上司之後更是明顯。

新上司是一位行事作風很有個性的人，說的話總是模稜兩可，也常常朝令夕改。最讓B先生頭痛的是，聽到這位上司對他說：「你根本沒聽懂我說的話」，這讓向來認真的B先生十分在意，也不斷地問自己「咦？怎麼會？」

這是因為「成為聽不懂人話的人」與B先生的目標恰恰相反，B先生一直都覺得自己很努力，避免讓自己成為那樣的人。

不過，當他越是想問清楚，就越問不出所以然來，當然他還是會看看上司的臉色，或是根據午餐時的閒聊，推敲上司的想法。

當居家遠距工作的情況變多，會議都改以ZOOM或是Teams這類工具進行時，就更沒有機會揣測上司的想法。

明明自己花更多心思解讀上司的每一句話，卻越來越常被上司說：「你根本沒聽懂我說的話」，B先生也因此越來越神經兮兮。

更糟的是，這個問題也在B先生面對客戶時造成影響。客戶那邊的窗口打了小報告，說B先生：「沒聽懂客戶真正的需求」。

對B先生來說，這簡直就像是有顆大石頭突然砸在頭上一樣。老實說，這位顧客最有名的就是突然變更需求，但他覺得自己已經拼了命地滿足客戶。

當他與工作順利的前輩請教這件事，前輩也只回答：「去了解對方的需求，好好傾聽對方的心聲啊！」（明明已經很拚命這樣做了，還要怎麼樣呢？）這讓B先生更是沮喪。

◆

◆

◆

事例 一直在意朋友一句無心話的I先生

I先生常常為了別人無心的一句話而鑽牛角尖。

比方說，前幾天，他的朋友說了一句：「I先生原來也有這一面啊」，他就一直在想對方到底是什麼意思。

他不斷地在想，對方的意思到底是「原來I先生也有這麼出人意表的一面」，還是「I先生也有這麼奇怪的一面」。

那句話就這樣在I先生的腦海之中盤旋，就算到了夜裡，準備上床睡覺，這句話還是會自然地反芻，在腦海轉個不停。

漸漸地，I先生覺得這位朋友那時的態度很糟，而且越想越生氣，滿腦子都想著：「下次一定要反駁對方，給對方一點顏色瞧瞧」。

當他這麼做，就越來越無法和這樣的朋友相處。

尤其不想與那些說話直接、有什麼說什麼的人打交道，結果這類朋友又說了：「I先生變得沉默寡言了吧？」這類更失禮的事情。這讓I先生覺得好心累，也越來越不愛與人相處。

更讓他覺得棘手的，是那些說話常「意有所指」的人。

某次I先生告訴朋友，他準備考證照，沒想到對方居然說：「這種事適可而止就好喲」。「蛤？適可而止？」不懂朋友什麼意思的I先生，不斷地問自己：「他是不是在暗示我的選擇有問題？」還是說「他以為我是什麼證照魔人？」

對I先生來說，能把話講清楚的對象讓他最放鬆。

◆ ◆ ◆

事例

因爲社群網站的負面評論而生氣的D先生

三十幾歲的D先生喜歡在有空的時候，在社群網站留一些評論。最近則特別喜歡在雅虎新聞論壇留評論。比方說，他常對政治、娛樂新聞或是某些時事留下「所言甚是」或是「理當如此」的評論。

當他看到很多人對自己的評論留下「我也這麼覺得」，就覺得自己的想法得到認同，但是當他看到很多「我不這麼覺得」的評論就會有點失望。

因為是匿名，所以D先生一直以來都是抱著玩玩的心態寫評論，但有時候他的評論底下會出現一些酸言酸語。

像是，「這個樓主什麼都不懂啊！」或是「如果這麼討厭日本的話，要不要搬到外國？」不然就是「若只是推測的話，不如不要寫！」

這類評論的類型很多，有的屬於話裡有話的類型，有的則是自以為是、高高在上的類型。

D先生也明白一樣米養百樣人的道理，不需要那麼在意這些事情，但是看到這類評論還是讓他莫名感到氣悶不開心。

D先生滿腦子都在想「什麼都不懂的是你這種傢伙吧！」或是：「只是指出社會的問題就得搬到國外？這是什麼道理？」、「我比你研究了更多才寫的！」這些反擊對方的語句。

另一方面，他也擔心自己「是不是真的有些視而不見的部分？」、「是不是自己的想法真的有問題？」

當D先生忍不住留言反駁，對方也繼續留言反譏，雙方就這樣陷入口水戰。

D先生很討厭那個「連工作時都一直想著該怎麼反駁對方」的自己。

◆ ◆ ◆

事例

髮型與穿搭因家人意見而舉棋不定的J小姐

這可說是最貼近日常生活的例子了。我們的髮型、服裝往往會被家人的意見影響。

比方說，J小姐認為「我不適合這種髮型」或是「無法駕馭色調比較明亮的衣服」。就算朋友或是交往的另一半跟她說：「哪有這回事？」、「這衣服很適合啊！」她仍是沒辦法點頭認同。

其實在職場，她的前輩也跟她說：「要是肯穿亮一點的衣服，一定會更受歡迎喲！」但J小姐就是覺得感覺不對。

當身邊的人問她：「為什麼覺得不適合？」J小姐告訴他們：「因為十幾歲的時候，媽媽曾跟她這樣說！」或是「姐姐跟我說，最好不要留那樣的髮型！」

明明J小姐已經不再是那個十幾歲的小女孩，適合的衣服、髮型以及時尚潮流也都已經改變許多，而且媽媽跟姐姐都不是專業造型師，意見也不見得是正確的，更何況，姐姐或是其他兄弟姐妹有可能出自嫉妒而不肯說好話，父母親也有可能因為害怕孩子穿得太招搖而替對方踩煞車，所以才跟自己的家人說「妳不適合這樣」。

不過，J小姐一直以來，似乎都對媽媽與姐姐的意見從善如流。就某種意義而言，這也算是「被別人說的話耍得團團轉」的例子吧。

容易受閒言閒語影響的人有哪些特徵？

剛剛介紹了幾個常見的相關例子，大家覺得如何呢？說不定你也是其中之一，遇過類似的狀況。雖然這些例子的背景各有不同，但都有一些共通之處。

比方說，都有下列這些特徵——

- 總覺得要認真傾聽別人的每一句話。
- 很害怕因為忽略別人說的話而讓自己的風評受損，或是被別人忽視。
- 很擔心別人因此生氣。
- 本身是個認真、老實的人。
- 為了當個好人，反而變成濫好人。就算別人說了一些不禮貌的話，也不會反駁或生氣。

▼ 太過重視別人的話語，覺得每句話都有其含義。

▼ 只要一發生什麼事情，就立刻覺得是自己的錯。

▼ 一旦被別人指責，就會立刻反省與改進。

▼ 無法亂說話，不敢忽視別人說的話。

★ 本章最後會將這些共通之處整理成「他人話語影響程度」的檢查表。有興趣的話，請大家填寫這張表格，確認自己受話語操控的程度。

看了這些特徵之後，想必大家已經知道，那些容易被別人說的話耍得團團轉的人，總是有「過度在意別人說的話」，以及「過度貶低自己」的傾向。說得極端一點，這等於讓自己成為別人頤指氣使的奴僕。

一旦成為別人的奴僕，當然會被別人說的話耍得團團轉，因為彼此的關係就是這麼一回事。

不想再被別人的話耍得團團轉，也不想再因此受傷

到底該怎麼做，才能改善這種狀況呢？

許多人都以為「學會處處否認、反駁」就可以解決問題，但這種小聰明是無法改善這種狀態的。

你是不是也曾經努力學習溝通的技巧，或是想試著改變自己的心態，效果卻總是不如預期呢？

若問為什麼會這樣，這是因為前面已經提過，你與對方的關係就是這麼一回事，**真正的問題出在你與對方之間的地位高低，以及你賦予別人說的話太多價值。**

要想改變你與對方之間的關係，光靠小聰明是不夠的，必須找出形塑雙方關係的主要元素。

那個主要元素就是所謂的「**語彙**」。

之所以會被別人說的話耍得團團轉，是因為你賦予了那些語彙奇怪的定義，明明只是無心的一句話，卻被你奉為圭臬，或是一句會帶來災厄的咒語。

別人也會利用這句價值莫名膨脹的「語彙」，有意無意地操控你。

為了不再被別人說的話所操控（忽略別人說的話），第一步就是要了解「語彙」到底有多少價值，為此，需要讓語彙成為身體一部分。一旦語彙成為身體的一部分，就能讓自己與別人平起平坐，不再貶低自己。

接下來會告訴大家箇中原理，但在此之前，要在下一章帶大家了解別人說的話，以及那些理所當然的「前提」。

他人話語影響程度檢查表

CHECK

試著在符合的項目打勾，再計算打勾的項目有幾個。

- □ 常常在意別人怎麼看待自己
- □ 希望儘可能地傾聽別人說的每一句話
- □ 擔心忽略別人說的話，將有損自己的名聲
- □ 覺得別人的每句話都必須認真傾聽
- □ 覺得要執行上司的每一道指示
- □ 覺得要傾聽顧客的每個要求
- □ 覺得自己很認真
- □ 希望誠實地面對每個人

□覺得沒認真聽別人說的話就會被別人輕視
□有時候會擔心別人是不是在生氣或不爽
□不擅長說謊
□不擅長保守屬於自己的祕密
□希望自己是個好相處的人
□聽到別人說一些不客氣、不合理的話也不會反駁或生氣
□不管聽到什麼，總是不自禁地思考背後是否藏著某種真相
□覺得越是嚴厲的指責越應該認真傾聽
□總是覺得那些意義深長的話語背後藏著某種真相
□一發生事情，就會覺得是自己的問題
□一被別人指責就立刻反省，覺得自己應該改進
□沒辦法輕視每一句話
□不想被別人視為剛愎自用、獨善其身的人
□覺得別人知道自己不知道的重要知識或是資訊

□ 覺得不管做什麼決定，都要儘可能傾聽別人的意見
□ 說到底，就是不相信自己
□ 害怕說出自己的意見
□ 覺得話語有「一語成讖」的魔力
□ 擔心說出自己的意見被別人討厭
□ 害怕別人覺得自己的想法很奇怪

受話語影響程度

【17個以上】十分容易被操控
【10～16個】很容易被操控
【5～9個】有點容易被操控
【低於4個】很難被操控

★本表分析結果僅供參考。

2

過度重視
他人話語的理由

「要懂得傾聽」這句緊箍咒

傾聽眞的有那麼重要嗎？語彙眞的是如此美妙的東西？

一直以來，我們都被教導「要仔細聽別人說的話」、「懂得傾聽的藝術」，比方說，在念小學之前，爸媽都會告訴我們：「要乖乖聽老師的話」，年級往上升的時候，爸媽也會跟我們說：「要記得聽老師的話喔」，如果沒聽老師說的話，就會被當成壞小孩。

在學校上國文課的時候，會學到語言的美妙之處，我們也是透過足以代表日本的作家或詩人的作品，了解語言的重要性以及閱讀方式。放暑假的時候，要讀一些指定書籍，撰寫相關的讀書心得。一直以來，我們都像這樣被灌輸「語言是珍貴的寶物」這種概念。

如果說朋友的壞話、惹朋友哭泣，就會被老師罵，我們也在這時候明白，語言是能傷害別人的利器，所以得更小心地使用語言，這麼一來，我們為了不傷害別人而被迫體會語言的重要性。

當我們升上國中、高中之後，便會利用現代的白話文撰寫更困難的文章。以前的我偶爾會弄錯題目的意思，或是忽略重要的課文而考試考不好，也因此知道自己理解語言、剖析語言的能力很差。

除了印刷的文字有這類情況，我也常常漏聽一些重要的訊息，被迫發現自己總是以為只有自己是正確的。

長大進入社會之後，又被要求乖乖聽上司或前輩的話。如果被分配到業務部或是公關部，傾聽顧客的意見便成為比什麼都重要的事情。

完整傾聽顧客的每一句話，再讓公司其他人了解這些事情，藉此滿足顧客的要求。雖然這件事很難，但進入公司之後，就會被這樣要求。

「不懂得傾聽」或是「不顧他人意見」的人，通常會被形容成自命不凡的人，或是格局很小的人。

前美國總統川普就是這種不顧他人意見的代表人物對吧。就算記者是正確的，川普也不屑一顧，只要有部下敢提出異議就立刻開除。大部分的人應該都不會想成為川普那樣的人。

語言的力量？太初有道？

我聽過「言靈」這個字詞，但不知道是從哪裡聽來的。

仔細一查才發現，「言靈」是於《萬葉集》（譯註：現存最早的日語詩歌總集）首次出現的字詞，意思是：「語言蘊藏著影響現實的力量」。具代表性的句子為柿本人麻呂的短歌，讚嘆大和之國具有語言的靈力。由此可知，日本人從以前到現在都畏懼蘊藏於語言的力量，也很重視語言。

在我們這些現代人眼中，語言就是一種承載心情、情緒的媒介。

一如「太初有道」（譯註：出自和合本約翰福音第一章。原文為「初めに言があった」，意指神的話就是道，中文譯成太初有道）這句經文，基督教或是其他外國宗教認為語言創造了這個世界 印度或是希臘的古書也同樣有語言創造了世界的記載。

看來，語言在不同的文化之中都受到高度的重視。

列出上述這些例子之後，似乎再也無法否定語言十分重要這件事。

言語能形塑現實？

日本曾有一段時間出現了自我啟發風潮、自我實現風潮，當時最常聽到的宣傳文案就是「言語能形塑現實」。雖然現在已經很少人會這麼說，但這句話的意思是——「話只要說出口就會成真，因為這些話會不知不覺地影響人在日常生活中的思考方式與行動，進而成為現實」。

我記得之前曾有某位經營者在他的著作中提到，只要在手帳寫下夢想或目標就會實現。

說不定你也曾經將願望寫在紙上。

雖然在大多數的情況下，夢想無法輕易成真，也經常讓人變得自暴自棄，但還是有不少人記得「言語形塑現實」、「語言是有力量的」這些話。

傾聽力？諮詢、培訓很重要？

我覺得近年以「傾聽力」為主的書籍好像變多了。

當社會逐漸成熟，單向的說服、傳遞訊息、傳授知識、下達命令變成一件不受歡迎的事情，邊傾聽對方的意見，邊引導對方的潛力愈來愈受到重視。

或許是這類需求增加了吧，培訓課程或諮詢課程也變得處處可見，就連學校也建立了輔導老師的制度，大部分的職場也都建立了諮詢制度。

就算某間店的店員擁有「〇〇諮詢師」的頭銜，也已經見怪不怪。傾聽他人的需求，再提供適當的商品似乎就是他們的工作（我還記得第一次聽到「化妝品諮商」這個單字的時候，驚訝地直呼「這到底是什麼意思？」）

現在有許多人願意自掏腰包，接受相關培訓與諮詢課程的訓練。「理解對方的意見與需求」、「學習聆聽」受到了前所未有的重視。

由此可知，我們一直被灌輸「語言很重要」、「傾聽很重要」這個概念，許多人大概都聽到耳朵長繭了。傾聽別人的意見與重視語言甚至帶有「你是個成熟的人」的涵義，讓人不禁覺得，傾聽別人的意見很重要這點，沒有任何能夠置喙的餘地。

一般人無法忽視別人的閒言閒語嗎？

假設「傾聽別人的意見真的那麼重要」，那麼「忽視別人的意見就是件不可饒恕的事」，我們也只能不斷地強化自己的心理建設，讓自己認真聽取別人的每一句話，設法不被那些酸言酸語影響。

我們真的有辦法達到這種金剛不壞之身的境界嗎？

如果這一切只有金剛不壞之身的人才做得到，那麼普通人豈不是一輩子只能被別人的話操控，內心平靜的那一天也永遠不會到來了嗎？

試著去懷疑「前提」

不過，在此有必要先讓自己冷靜地想一想。

當事物的「前提」與「實際情況／執行層面」之間產生落差，或是在看起來不太可能執行的時候，有可能是因為「前提」本身有誤。說得更精確一點，是看待「前提」的角度出了問題。

常被用來介紹盲點的「哥倫布之蛋」正是適合說明這種情況的小故事。在一開始還沒有任何人想到把蛋立起來的方法時，把蛋立起來似乎是一件很困難的事，但是當我們從另一個角度看待「前提」，把蛋立起來就變成一件誰都能做得到的事。

魔術或是推理小說也有類似的情況。魔術與推理小說總是會先提出一個看似牢不可破的「前提」，但事實上，這個「前提」是藏有機關的，也是可以實現的。

其實職場也有類似的情況。當「前提」與「實際情況」有落差，通常都是前提有問題。比方說，前一任老闆的經營方針變成了「前提」，或是業界的某些陋習變成了「前提」，又或者某些成見變成了「前提」，有趣的是，當某位局外人介入這些事情，前面提到的落差就有可能會消失。

看來我們要擺脫別人的操控，與學會忽視的技巧，就必須試著重新檢視這個「前提」，必須以一種局外人的角度重新思考「傾聽別人的意見很重要」這個看似肯定的前提。

下一章將帶著大家看看，人類的語言有多麼不穩定與模稜兩可。

3

話語其實沒那麼有價值

別人的話聽聽就好

人在「改變」的瞬間

我記得在新冠疫情爆發前，日本許多八卦節目或是資訊性節目經常地報導「逼車」的新聞。

逼車就是因為不爽別人開車的方式，故意把車跟得很近，或是在別人車子前面蛇行、急煞，或是乾脆下車找別人理論的行為。

雖然光是聽到這裡就讓人覺得很恐怖，但過去曾經發生過逼車逼到最後輾死對方的事件，也有在高速公路理論時，被後面的車子撞死的事件。

其實「逼車」這種行為早就存在，但過去沒有行車記錄器，所以遇到逼車也只能摸摸鼻子算了。

等到行車記錄器與智慧型手機普及，這些醜陋的逼車行為才終於攤在世人面前，也成為社會問題。影片這類不容狡辯的證據有推動社會前進的力量。

當日本國會將逼車這種行為視為一大問題之後，便修改了法律，讓警察有權力取締這類「逼車行為」。

其實我也有這類「一坐上駕駛座，就好像換了一個人」的朋友，只是他的程度還不到逼車那麼惡劣。或許各位讀者身邊也有一、兩位這樣的朋友。

明明平常很穩重，但是一握到方向盤就變成橫衝直撞的大爺，真的是完全變了一個人。不過就是握住方向盤而已，人居然能夠改變這麼多，還真是讓人覺得不可思議。

話說回來，為什麼人會有如此巨大的轉變呢？

一旦握住主控權，人格就改變的奇妙景象

在「逼車」問題剛浮上檯面的時候，我接受了白紙駕駛（空有駕照，沒有實際駕駛經驗）的講習。其實我是在念書的時候考到駕照的，但是上班之後，就沒有機會開車，也徹底成為空有駕照、沒有上路經驗的駕駛人（多虧這樣，我的駕照一直都是金色。譯註：金

色為日本零違規、零事故的優良駕駛等級。）

最近只要拜託專業的公司，就會有教練開車來到指定地點，然後坐在副駕駛座，指導空有駕照、平常不太開車的白紙駕駛。

最先會於人流量與車流量都較少的道路試開，接著在稍微熱鬧一點的街區開開看，熟悉駕駛的感覺後，有可能會試著開上高速公路，開去比較遠的地方。也有可能會在大型商業設施的停車場練習停車。一開始雖然很緊張，但在經過三至四次的演練後，大概就能一個人開車上路，也不會那麼緊張。

當我在接受這種白紙駕駛的講習時，我跟教練聊到：「最近逼車行為很可怕吧？」、「如果遇到逼車該怎麼辦啊？」

也提到：「為什麼有些人一握到方向盤，就會變成另外一個人啊？」

沒想到教練不假思索地說：

「有可能是因為車子是私人空間，所以握到方向盤之後，膽子就變得很大吧！」

我覺得這種說法與諮詢師的知識有部分重疊，也不禁認同地說「啊啊，原來是這樣啊！」

家暴慣犯大都不會在外面使用暴力

要想進一步了解握住方向盤就變成另一個人這件事的話，還可以透過家暴（domestic violence）這個例子說明。

所謂的家暴是指——對同住的家人、夥伴口出惡言或是暴力相向的行為。家暴的根本原因在於加害者本身的自卑感。一般認為，加害者是想透過暴力控制親近的人，藉此撫平自卑感，最後演變成家暴。

在鄰居或是職場同事的眼中，有家暴傾向的人外在表現通常很紳士，讓人完全看不出來身邊的這個人會做這麼過份的事情，但是當他回到家裡這個私人空間，整個人就會變樣，變成一個會毆打另一半或家人的人，或是不斷口出惡言的人。

最近也有知名人士因為對另一半施暴而被報警逮捕，也因此鬧上新聞版面，之所以會鬧上新聞版面，在於這位知名人士過去在社會上的風評很不錯。

明明在外面是那樣的穩重老實，沒想到一回到家就會變成另一個人，這真的很難想像。許多人都覺得那位知名人士「彬彬有禮，是個很穩重的人」，但事實上，人是會變成另外一個人的。

這種內外的落差正是被害者有苦難言之處。

有些被害人會告訴自己：「在外面風評那好的人會這麼生氣，一定是我有問題」，因此猶豫要不要報警。或許是因為如此，在未受到人身脅迫之前，幾乎都不會向外求助。

就算是會變得像鬼一樣施暴的人，只要警察或是律師介入，就會立刻變乖。一般認為，這是因為家庭受到外界的眼光檢視所致。

◆　◆　◆

只在家裡暴力相向或是口出惡言

小孩對父母親施暴的家庭暴力也有類似的情況。明明在外面是個孝順的孩子，回到家就大鬧特鬧。明明因為害怕跟別人接觸而不敢外出，卻在家裡像個大爺般，不斷地口出惡言。這也是人在私人空間就會變成另一個人的狀態。

此時若是親戚、鄰居、警察介入，這些人就不敢再施暴。

霸凌多半是在私底下進行

霸凌也有類似的情況。許多霸凌者都是教師或家長眼中的模範生。在某些極端的例子之中，那些加害人甚至是社團的隊長，或是成績名列前茅的好學生、深得大人信賴的好孩子等。不過，當這樣的人與被害者獨處，就會變成另一個人，不斷地辱罵被害者，或是找被害者麻煩。

這也是在公共場合是模範生，在私人空間就變成另一個人的落差。

操控被害者的「話語」

家暴或是霸凌往往不只是暴力，還包含話語方面的暴力（口出穢言）。

被害者會把那些指責或是批評當真，還因此被耍得團團轉。

「你這傢伙真沒用，腦袋一點都不靈光，所以我才會這麼生氣啊，都是你惹我生氣的，同樣的事情你到底要我說幾遍才懂！」，加害人會透過這類看似冠冕堂皇的理由責備被害者。

被害者也真的覺得都是自己的錯，把這一切當真，更何況加害者在社會很成功，社會大眾也很讚賞加害者，所以被害者更是覺得對方說的沒錯。

霸凌事件之中的暴力固然可恨，但是惡言惡語造成的心理創傷，有時過了幾十年也難以痊癒。那些「有你在，整個場子就變得很無聊」、「你很吵耶」、「你很臭耶」、「你趕快給我消失」的惡言惡語，往往會留在被害者的心中，讓被害者陷入迷惘。

或許家暴與霸凌是很極端的例子，但其實我們平常也會被一些不合理的說法耍得團團轉，儘管嚴重的程度不同，但是情節卻十分類似。

在逼車的例子裡，我們使用了「變成另一個人」這種說法，但是家暴或是霸凌的者也一樣會變成另一個人，而且會變得很奇怪，也就是從紳士、模範生，變成攻擊別人的惡魔。

逼車的加害人往往會找很多藉口，合理化那些誰來看都是失序的行為。

但是家暴與霸凌的加害人卻更加聰明，更懂得以冠冕堂皇的理由包裝自己。以霸凌來說，有時連第三者——也就是教師與家長都會把加害人的歪理當真，反過來保護加害人。

無法忽視是因為對方站在「道德的至高點」

之所以過了幾十年，仍然對於某個人說的某句話耿耿於懷，很有可能是因為**那個人說的是某種「大道理」**。

一如前面提到的，有些人在別人眼中是個文質彬彬的人或是模範生，所以，就算事情不能訴諸暴力，許多人還是會不由自主地認為，這些人口中的理由有一定的道理。

不過，當我們不斷地看到「人是會改變」的例子，我們還能正面看待我們聽到的「每一句話」嗎？還是說，這些人所說的話與逼車行為一樣，不過是自說自話的牢騷呢？

態度突然改變其實是很稀鬆平常的事

人總是會莫名地變成另一個人。這絕對不是什麼特殊的情況，而是再日常不過的事情。

我在提供心理諮商服務時，通常會在第一次面談請客戶鉅細靡遺地聊一聊自己的過去，了解他在幼年時期、學生時期與進入社會之後的樣子。

此時最常聽到的就是身邊的人突然像是換了一個人一樣，或是突然被朋友忽視、疏遠，或是被朋友在背地裡說壞話的例子。大家是否也有過類似的經驗呢？

某次我去了某位藝人的現場演唱會。在他開始唱以「朋友」為主題的某首歌之前，那位藝人說起了這首歌作詞作曲的由來。

他告訴大家，某天，他的好朋友對他的態度突然一百八十度大轉變，所以他才寫了這首歌。從他的話中之意可以得知，那應該是在他念小學或是國中的時候發生的事情，他的好朋友突然對他破口大罵，然後離開了他，但是到現在他都不知道理由，也一直很難過與驚訝。令人意外的是，他說著說著就在舞台上哭了出來。明明已經是幾十年前的事情，這位藝人還忘不掉當時聽到的那些話。

其實我也有過很多次類似的經驗，也遇過很多次朋友的態度突然改變的事情。最令我印象深刻的莫過於我還在公司上班的時候，坐在旁邊的同事突然說了一句讓我不敢置信的話，當下我嚇得一句話也說不出來，只記得「人類居然可以完全變成另一個人！」，而那位同事在公司也很受重用與歡迎。

不理解「話裡的意思」，讓我們不知所措

為什麼人會突然變得那麼不講理，或是把話說得那麼難聽呢？

有時候，還會突然變成另一個人。為什麼那位藝人的好朋友，又或是客戶的同學、朋友，以及你身邊的人，都會說一些不合理的話，讓我們不知所措呢？

這個問題其實讓我煩惱了很久，也曾經一直找不到能解答這個問題的假設。

其實我曾經讀了一些精神分析之類的書籍，或是從潛意識的角度說明這類情況的書籍，但是都找不到能夠說服我的理論。心理學或是精神醫學很擅長說明如慢性病般的症狀，卻很難具體解釋瞬間發生的事情以及這次介紹的例子，也就是很難解釋那些我們在日常生活遇到的怪事（瞬間發生的事件很難透過實驗驗證，所以這也無可厚非）。

不過，遇到這些突發事件的人若是不知道自己為什麼被討厭，肯定會耿耿於懷，或者是明明不需要自責，卻又不由自主地責問自己。那位為了陳年往事而在舞台上面

哭出來的藝人，其實並非少數。

有些人甚至因此害怕接觸別人，對整個社會卻步。

我覺得，有些人之所以會怕生，通常是因為遇過這類態度突然一百八十度大轉變的例子，也因此受到心理創傷。

一直以來，我都在進行臨床治療時，研究煩惱的構造以及人類的心理構造，那些騷擾、不合理的事情，以及態度驟變的例子，都是我很有興趣的部分。

讓我們把話題拉回來吧。或許是因為我對這些事情有興趣，所以之前與白紙駕駛的開車教練聊天之後，才稍微了解人為什麼會突然改變，以及為什麼會說那些把人耍得團團轉的話。

◆ ◆ ◆

公私不分會讓人變得軟弱而不穩定

平常個性溫和的人，一握住方向盤，個性就完全改變，有時候甚至會逼車，造成別人的麻煩。

在家裡抓狂、施暴，在外面卻像個紳士，在職場也表現良好。

若問我從這些例子想到哪些假設的話，那就是「人類在私人空間的時候，容易變成另一個人」。說得更正確一點，「人類在公私不分（公領域一旦瓦解）的時候，容易變得不穩定」。

人類在社會化之後，才能找到「自我」

人類的內心充滿了各種不足為外人道的想法，情緒也像是漩渦般，不斷地掀起波瀾。從「好想睡」、「工作好煩」這些常見的抱怨，到讚美別人、說別人壞話，以及那些難以透過筆墨描述的想法，都會在我們的內心不斷地浮現。

在《心靈感應》這部電影之中，主角是一位能看穿他人想法的超能力者。如果我們的內心也被別人看得清清楚楚，我們恐怕沒辦法正常生活，因為人類在私領域的時候是不穩定的，也不知道該如何自處。

我們在長大成人的過程中接受教育，累積教養，以及透過工作找到自己在社會之中的位置與角色，從中培養「社會（公領域）人格」，陶冶自己的個性，基本上，就像是將鐵礦或原油這些無法直接使用的原料經過各種工程提煉之後，成為實用產品的過程。

人類無法只憑自己的力量形塑「自我」。一如「人類是社會性的動物」，我們只有在社會化之後，才能活出「自我」。

所謂的感覺、情緒、想法也是在與他人相處的過程之中形成。

比方說，嬰兒一直聽到爸媽說「肚子餓了嗎？」、「想睡覺嗎？」才會慢慢地知道「這種感覺就是肚子餓的感覺」或是「這種感覺就是想睡覺的感覺」，而這種在與父母親互動的過程中形成的感覺就是所謂的「依附（Attachment）」。

反之，如果無法與爸媽產生共鳴，或是得不到相同的對待，就無法形塑自己的感覺。

雖然感覺與情緒都是與生俱來的特質，但是這些特質若未透過前述的「依附」過程釐清，我們就無法妥善地控制自己的感覺與情緒。

許多人也因為這個依附過程不順利，而在長大成人之後，為了無法控制自己的情緒與不了解自己的想法而痛苦。

十幾歲與二十幾歲是身心急速成長、多愁善感的時期，我們的感覺、情緒、想法也會在此時不斷地湧現，此時若找不到適當的方式抒發這些感覺、情緒與想法，就會因為不知道該如何面對自己而煩惱。

讀書、運動或是其他的藝文活動都有助於幫助我們形塑尚未定型的自我，尤其當我們在社會找到屬於自己的角色，更能幫助我們擁有更堅強的心靈。

內心那些屬於自己的情緒與思考是我們的能量來源，但我們無法靠自己控制這些情緒與想法，只有當我們處在公領域得以內化，這些情緒與想法能夠昇華為社會（公領域）人格的環境，我們的「自我」才能變得穩定。

一旦失去社會定位與角色，將變得易受影響

就算是健康的人，只要失業或是失去對周圍的期待，就會變得十分不穩定。其實我之前也曾在公司的大型專案空檔時沒事做，當時的我一直覺得身邊的人說我「是個累贅」，我也在發現自己會因為這樣而陷入極度不安之後，嚇了一大跳。其實當時不過是工作與工作之間的一個小空檔，卻讓我變得那麼不安。由此可知，人類一旦失去在公領域的角色，就會立刻變得不穩定。

當我們失去屬於自己的社會定位與角色，將會遭受超乎想像的打擊，比方說，失業就是最具代表性的例子之一。

在社會扮演的角色有助於治療思覺失調症

眾所周知，能否在社會占有一席之地，是治療思覺失調症的關鍵。所謂的思覺失調症，是無法區分真實與虛幻的精神狀態，幻聽與幻想是最基本的症狀。

在過去，精神病患者都會被關在房間裡面，然後以鎖鏈綁在一起，為的是避免他們失控，傷害治療他們的人或是自殺，所以房間的門都會上鎖，重症患者的身體還會受到束縛。從現代的角度來看，這實在是非人道的治療方式。

到了十八世紀末，法國神經病學家菲利普皮內爾（Philippe Pinel）對這種治療方式提出質疑，也讓病人在治療中心負責一些工作或任務，不再用鎖鏈綑綁病人。沒想到，患者變得相當穩定，也能完成那些交辦的工作與任務，整個人像是脫胎換骨。

一說認為，思覺失調症的患者在失去社會角色之後，不得不轉頭尋求幻想的世界協助，才會產生幻聽以及其他症狀，所以當他們得到一定程度的認同與互動，症狀就會減輕許多。

也有許多資料支持這種說法。比方說，當景氣下滑、失業率攀升，住院率就會跟著上升；而當景氣好轉，住院率就會跟著下降。由此可知，有無工作這件事對患者有一定的影響。

都市化與工業化也會讓思覺失調症加速惡化。若是發展中國家或是其他尚未都市化、工業化的地區，思覺失調症的患者也相對較少，也通常比較快痊癒。一般認為，這跟就業率、是否在社會具有一席之地以及工作壓力有關。

看來在面對思覺失調症如此棘手的症狀時，患者是否擁有屬於自己的社會角色是治療的關鍵。

近年來，「開放式對話」這種治療方式逐漸受到重視，患者或許能透過對話（dialogue）找回屬於自己的社會角色與社會定位。

家裡這種私人空間不一定是能讓心神安定的地方

我們通常會把「家」這類私人空間視為能夠放鬆與安心的場所。不過，這只限你擁有屬於自己的社會角色，家人也各司其職的情況，如果不是這樣，私人空間反而會成為讓人不安與焦慮的場所。

比方說，有些人會因為在意別人的眼光而不喜歡出門，或是因為無法上班與其他理由而躲在家裡。

此時，這種私人空間（領域）絕對不是讓人心神放鬆、感到充實的場所。許多足不出戶的人常常陷入焦慮與不安，也因此苦不堪言。

所謂的足不出戶就是因為各種理由而無法融入社會的狀態。因為與家人的隔閡而變得乖僻的例子也所在多有，這也讓這些閉門不出的人無法形塑具體的「自我」，以及無法融入社會。這類痛苦遠遠超乎我們的想像，而私人的空間（私領域）只會讓這些人陷入惡性循環，找不到進入社會的墊腳石或敲門磚。

雖然自己的房間是私人空間，卻不一定是屬於自己的「舒適圈」，一旦無法融入社會，反而會成為讓人陷入焦慮與不安的場所。

古希臘人認爲，社會化人格才是最原始的人格

古希臘人認為，人人都擔任公職才是正途，在公領域闖出名號才是無上的榮譽，如果只在意自己家的事情，只於私領域沉淪，是引以為恥的事情（《民主主義的源流——古代雅典的實驗》橋場弦著，講談社學術文庫出版）。

猶太人哲學家漢娜鄂蘭（Hannah Arendt）在她的著作《人的條件》（商周出版）提到，古希臘人認為人本來就該在公領域活躍，只追求私領域的人是奴隸，不是完整的人。

希臘的政治共同體稱為「城邦」，而一個人越是融入「城邦」，越具備成熟的人格。根據鄂蘭的說法，「私人（privacy）」是一種被剝奪或是不完整的狀態。現代人的我們常以古希臘人為參考或模仿的對象，而古希臘人似乎就是以上述的方式定義人格。

其實應該有許多人都覺得，只從事私領域的活動生活會不太充實才對。

除了在社會從事主業之外，如果有空閒時間，也可以享受私領域的娛樂。假設失業，或是未能得到周圍適度的評價，我們真的能大言不慚地說「私領域的我才是真正的我」或是「我過得很充實」嗎？

有些人雖然有閒有錢，卻因為未能在社會（公領域）擁有一席之地而覺得生活很痛苦，或是對人生感到焦慮。所謂的「尋找自我」，往往是尋找自己在公領域的定位或是社會的認同，以及從中得到的滿足感。

從古希臘人對於人格的定義，以及鄂蘭的意見來看，「私領域的自我」是不完全的，會讓人變得不穩定，這也充份描述了現代人的生活方式。

公私領域假說

綜上所述，人之所以能得到真正的滿足，都是拜穩定的公領域所賜，這也意味著，社會化的人格才是本來的自我。

反之，人在私領域或是公私不分的環境之下，人很容易變得不穩定。

為什麼我們會變成逼車的那個樣子呢？那是因為當我們坐在屬於準私人空間的駕駛座時，讓人格穩定的公領域就失去控制力，我們也因此開始感到不安，私領域的自我也變得比公領域的自我更加強勢。我將這種情況稱為「公私領域假說」。

支撐公領域與動搖公領域的元素

「公共環境」指的是社會規範、社會定位發揮作用的空間或場所。比方說，走在馬路或是街上，就不能像是在家裡一樣隨心所欲。在工作的時候，也必須做什麼像什麼，一言一行都必須符合這份工作的要求。健全的公領域能包容每個人的個性與價值觀，最明顯的特徵就是多元性。

至於「公領域」則是透過主觀認知的公共空間，說得更精準一點，就是內化的公共規範與定位。

內化的公領域能整理我們的情緒或想法，讓這些情緒與想法轉化為穩定自我，形塑公領域人格的能量。

支撐這一切的是身體的安定（營養、睡眠、運動）與內心的安定（比較沒有壓力，比較不會感到不安，也不會嫉妒別人）。

假設支撐這一切的基礎不穩定，又不斷地受到私人空間或是外部的刺激，公領域就會瓦解，最後就會讓我們變得不講道理，一言一行都不合規範。

◆ ◆ ◆

要特別小心人群裡的「中間派」

學校、公司、社區型共同體的「中間派」要特別注意。一般認為，公領域的界線特別容易在這類「中間派」瓦解。

因為中間派的凝聚性與封閉性會讓公領域的規範失去效用，中間團隊的內部規範也很容易取代社會規範，而這種內部規範往往缺乏多元性，變得只有一種聲音。

社會學家內藤朝雄將這種中間派的乖離狀態稱為「中間派全體主義」（內藤朝雄《霸凌的構造——為什麼人會變成怪物》講談社現代新書出版）。

因此，學校或是公司固然是公共場所，卻無法發揮公領域應有的機能，所以才會出現那些黑心公司或是霸凌的事情。

即使是身心健全的大人也很容易被影響

有些人或許覺得「逼車或是家暴，都是特殊的個案吧？」或是覺得「健全的人應該不會那樣做！」

由於每個人的抗壓力不同，其實就算是健全的人，基本的個性也都差不多。

就算是心理健全，看起來沒有半點不安的人，只要公領域失序，就很容易變得不穩定。

尤其在睡眠不足、營養失調、缺乏運動、壓力過高的狀態之下，身心就會變得不穩定，公領域的力量也會跟著衰退。

你是否看過家人或是另一半在很累的時候，心情變得很糟呢？是否看過因為工作很累，而口出惡言的人呢？或者你本身就是這樣的人呢？

如果是身心正在發展的小孩，這類現象尤其顯著。明明平常是很可愛的小孩，但只要肚子餓或是想睡覺，就會變成不斷哭泣的小惡魔。這時候的他們會說出一些莫名其妙的話、亂丟東西、口出惡言，或是拿父母親與兄弟出氣。雖然小孩很正常，但光是想睡覺或是肚子餓，就會變得荒腔走板。

漫畫《小麻煩千惠》（春木悅巳作、雙葉社出版）有一幕是小惠與在路邊攤排隊的奶奶對話的場景。

小惠因為爸爸阿哲的事情，常常會說出一些很悲觀的話，而奶奶則是對她說「小惠妳看看，已經在想那些事情了啊！」、「人類最害怕的就是肚子餓跟穿不暖喔」、「如果沒辦法吃飽，就沒辦法好好想事情」，試著鼓勵小惠。

小惠聽到奶奶這麼說之後，就想要吃得飽飽的。

其實營養失調會引起憂鬱這類精神疾病已是眾所周知的事情。醫師之所以會建議病人「正常進食、好好睡覺、適度運動」，絕對不是什麼道德勸說，而是因為一旦營養失調，人類就容易變得不穩定。就算是正常人也會因此心情不好，感到不安或是口出惡言。

其實若從另一個角度解讀小惠奶奶說的話，就會知道人類就是如此軟弱的存在，光是肚子餓或是穿不暖，就沒辦法正常地思考。既然人類如此軟弱，那麼我們平常聽到的那些「對話」又有幾分可信度呢？

在私領域載浮載沉的小船

當我們覺得身心受到威脅，公領域就無法正常運作。說得更精準一點，「自卑感」就是過去尚未消化的壓力（≒心理創傷）。睡眠、營養、運動都不足，工作、生活都充滿壓力的時候，若是還有過去的壓力尚未消化，就會讓人變得更不穩定。

完全沒有「自卑感」的人少之又少，說得極端一點，大部分的人或多或少都有自卑感。

若要比喻的話，我們就像是一艘在名為私領域的大海載浮載沉的小船。在船上的時候，能擁有文明的生活，但是當海象變差，海面變得波濤洶湧，小船失去平衡，我們就會立刻掉進海裡。這種努力維持平衡的模樣，正是我們人類原有的樣貌。

如果大家覺得「人類是潔身自愛又了不起的存在」那可就大錯特錯了。我們之所以能夠活得像人、活得很穩定，全是因為我們身處在身心不受威脅、社會定位分明的環境，就算活得很穩定，我們的人格還是經常處於一波巨浪襲來，小船就變得不穩定的情況之中。

對生物來說，「語言」只是還需要優化的道具

我曾有口吃的問題。記得我是在國中的時候發病，到了大學之後，好不容易透過一些心理諮詢才解決了這個問題，這也是我成為心理諮詢師的契機之一。

所謂的口吃就是沒辦法在別人面前正常講話，一會兒說不出話，一會兒像機關槍一樣說個不停的症狀。到目前為止，還不知道這種語言障礙的病因，只知道每一百人之中，大概會有一人有這類問題。

據說美國總統拜登也曾有口吃的困擾，還因此被人戲稱為「遲鈍喬」。眾所周知，日本前首相田中角榮也有類似的狀況。

許多人都有過口吃的經驗，最近的研究也指出，約有一成的人在嬰幼兒時期有過口吃的困擾。其實當我提到自己的口吃時，有不少人跟我分享：「我小時候也有口吃的問題」。

大部分的人在長大成人之後，口吃就會自然痊癒。

若問為什麼有口吃問題的人多達一成（以日本的人口來看，一成就是一千萬人以上），那是因為對於正在成長的小孩來說，語言是非常不穩定的東西，小孩子的大腦也還在成長，所以語言系統很容易變得紊亂。等到大腦發展成熟，這個症狀也就慢慢消失。

這種語言系統尚未發展完全的現象不僅在小孩身上出現，也在所有人身上出現。

在生物，尤其在靈長類之中，只有人類能夠使用如此進階的語言。若從進化的過程來看，生物才剛剛學會使用語言的方法，換言之，語言還很不穩定，只是人類蹣跚學步的道具。所以除了說得流不流暢這個問題，有時候我們還會問別人「你想表達的是什麼意思？」人類的語言遠比想像中來得不穩定。

什麼是眞心話？什麼是本意？

到目前為止，我們了解了人類的原貌，那麼人類的話語穩定嗎？**我們很難斷定別人說的話是否為「真心話」**。

比方說，聽到別人說「半夜很想吃拉麵」的時候，這真的是對方的真心話嗎？減重的方法之一就是問自己是否真的想吃、問問自己是否覺得這樣合理。

如此一來就會發現，想在半夜吃拉麵，只是大腦的慣性所致，或是剛好在電視上看到有人在吃拉麵，受到外界的影響才會想在半夜吃拉麵。那麼，「想吃拉麵」真的是那個人的真心話嗎？

近年來，道德騷擾、權勢騷擾已成為社會問題，或許各位讀者也曾在職場或是日常生活遇到騷擾，那些令人厭惡與作嘔的言詞也一直留在腦海揮之不去。

那些騷擾別人的人所說的話，真的值得信賴嗎？還是說，那就是他們的真心話？

「當然啊，都在光天化日之下露出本性了，那當然是他們的真心話啊！」或許大家會這麼想。

不過，就像霸凌是一種連鎖反應，大部分的加害者是為了治癒自卑感才選擇霸凌別人，而這種自卑感有可能源自家庭失和、被兄弟欺負或是在其他的場所遭受霸凌所致。

為了撫平這種自卑感，加害者選擇欺負別人，口出惡言。若問這些髒話從何而來，答案是從加害者「外部」而來。當這些惡言惡語腐蝕加害者的內心，他們就會想要霸凌別人，希望修復內心的殘缺。霸凌當然是不容原諒的行為，卻是這種連鎖反應之中的一環。

人類就像是某種雲端裝置，會吸收外在的東西，再將其內化之後轉化為語言。客觀來說，那些惡言惡語並非加害者的真心話。

比方說，我們不能說智慧型手機的畫面或資料是「智慧型手機」的東西對吧？因為這些資料全部存在雲端上面，只要關閉應用程式或是切斷電源，這些在螢幕顯示的資料就會立刻消失不見。

社會心理學家小坂井敏晶將人類這種狀態形容成「外來元素的沉澱物」（《責任

這種虛構的事實》筑摩書房出版）。

就算是在不穩定的狀態下外化的語言，只要是出自本意的真心話，那或許該正面看待，但是，那些惡言惡語若只是壓力在內化之後形成的沉澱物，就不能說是真心話。

由此可知，人類所說的話越來越不值得正面看待。

早期，居酒屋的廁所都會貼「老爹的抱怨」這種小紙條，上面會寫著「小孩子說的話，十之八九不用太在意」這類抱怨，但就算是成人說的話，其實也不需要太過重視，我覺得多加一句「大人說的話也一樣，十之八九不用太在意」也不錯。

道德崇高的「人格者」也不例外

不管是受人尊敬的人、個性沉穩的人、善於社交的人……無一例外，都很容易變得不穩定。這些人也無法跳脫「公領域失序就會變得不穩定」的框架，而且在社會相當活躍、內心卻充滿自卑感的例子也很常見。

不過，當那些「道德崇高的人」、「受歡迎的人」對我們說了一些沒禮貌的話，或是讓人在意的話，我們往往很難一笑置之。

此時的我們會覺得「因為是受人尊敬的人說的話，所以肯定別有深意」、「肯定是我有問題」，然後久久無法忘懷。

那位「神」也變得奇怪！

於二〇二一年過世的日本漫畫家齊藤隆夫，被譽為劇畫漫畫的先驅，其最知名的作品包含《骷髏13》、《鬼平犯科帳》（LEED社出版）。

在他之前的漫畫都畫得很可愛，就像是迪士尼那種專門畫給小孩看的漫畫，但是齊藤隆夫卻另闢蹊徑，畫出了刻畫細膩、筆觸寫實的漫畫。一如現在已不再需要「劇畫」這種分類，這樣的寫實漫畫早已成為普世的標準。

在寫實擬真的劇畫漫畫蔚為主流時，那位被譽為「漫畫之神」的手塚治蟲曾經批評齊藤隆夫的漫畫一點都不像是小孩看的漫畫。

如果我們被那位漫畫之神如此批評，會有什麼反應？

大部分的人應該會覺得：「被譽為漫畫之神的手塚大師應該說得沒錯吧？」然後就一直反覆咀嚼大師的批評，或是不斷地反省自己。

不過，齊藤先生卻以手塚大師的批評為動力，不斷地開拓寫實派的劇畫漫畫這條路。

那麼，手塚治蟲說的話就是金玉良言嗎？

其實手塚治蟲的批評失去了所謂的理性。

聽說手塚治蟲是一位十分好勝又善妒的人，常常因為數落同行而引起糾紛，以現在的話來說，大概就是很容易被炎上、撻伐的人。

他也曾經因為批評同世代的競爭對手福井英一，以及後輩石森章太郎而引起糾紛。手塚治蟲也曾因為被福井英一追究這些事，承認自己會那樣批評，完全是出自「嫉妒」。

即使是被譽為「漫畫之神」的手塚治蟲，也會害怕被同行或是後輩追上，害怕自己被劇畫風潮淹沒，而在如此沉重的壓力之下，他的公領域也會失序，也一樣會因為嫉妒而變得不穩定。簡單來說，他的那些批評充滿了私情與私慾。

被「DODA」的內容話術耍得團團轉

前明治大學教授鹿島茂曾寫了「DODA」這個系列書。（譯註：「DODA」原文為どうだ，作為名詞使用時，勉強可譯為「虛榮心」）

所謂的「DODA」是由漫畫家、散文家的東海林貞雄提出的概念，指的是人類溝通時自吹自擂的開場白——「DODA（怎麼樣？），我很厲害吧，怎麼樣？是不是該認輸了」這種內容，他也指出大部分的人都是透過這種觀點分析社會的所有事情（可參考《DODA的近代史》朝日新聞出版）。

簡單來說，「DODA」就是「彰顯自我的行為」。

鹿島教授在書中為了講解DODA這個概念，提出了西鄉隆盛、森鷗外以及國語教科書介紹的英文學者小林秀雄這些例子。

其實我最近開始懷疑，小林秀雄真的是足以放進教科書的偉人嗎？不過就鹿島教授的意見而言，小林秀雄寫的內容根本難以理解。若問為什麼「難以理解」，答案是小林秀雄為了讓別人覺得自己很厲害，故意把文章寫得很艱澀難懂。

除了鹿島教授的書之外，其實我在其他的書也讀過類似的意見，也都認為小林秀雄的文章很難理解，但我沒想過小林秀雄之所以把文章寫得很難懂，是為了讓別人覺得自己很了不起。

鹿島教授在這本書提出了下列的意見。

「在過去，看不懂文章的內容或許會覺得是自己不夠聰明，但從現在來看，有問題的是小林秀雄的文章」、「會把小林秀雄的文章當成入學試題的大學教師，腦筋是不是有什麼問題啊？」

我們總覺得偉大的人的每一句話都合乎理性，會被奉為圭臬肯定其來有自，但事實並非如此。每個人都是父母生養的平凡人。為了維護自尊心或是滿足虛榮心，而透過語言把別人耍得團團轉的例子十分常見，然而就像那些將霸凌加害者的理由當成事實的老師或是教育委員會的成員，連那些從事研究的大學教授都被小林秀雄寫的文章耍得團團轉。

除了小林秀雄之外，其他風靡一時的知識份子也有類似的特徵。

假設這個說法屬實，那麼不管是過去還是現在的學者，也不管是東洋還是西洋的學者或是知名的哲學家，他們寫的那些艱澀難懂的文章，真的是基於自己最純粹的心情或是平靜的理性所寫的內容嗎？

還是說，其中摻雜了一些「想要高抬自己」的私慾呢？

偉人也無法擺脫「虛榮心」與「自卑感」

如果偉人也有想要高抬自己的私慾，那麼笛卡兒、康德、黑格爾、海德格這些人物所說的「話」，恐怕也挾帶了許多「雜質」對吧。

一來，同時代還有其他競爭對手，二來，他們也很有可能因為懷才不遇而感到自卑對吧？事實上，海德格對納粹尤為傾心。他的理論之所以艱澀難懂，或許也與前面提及的「私慾」有關。

就連研究海德格理論的那些學者也不會輕易承認海德格的理論太難懂，更不會坦白自己看不懂海德格的理論，甚至有可能假裝自己看得懂。其實過去就曾經發生過物理學家艾倫索卡爾（Alan David Sokal）故意投了一篇假論文，結果居然通過論文審查，還得到好評的事件（《知的欺瞞》岩波書店出版）。

福岡伸一在《生物與無生物之間》（講談社現代新書出版）這本書裡描述了科學家為了自己的研究，不惜互相攻訐的醜陋臉孔。科學家無法自行認定自己的研究是否揭開了科學的真理，只能經過人類那臭不可聞的互動過程才能得到認可。

不管是學者、政治家還是運動選手，都得與同時代的對手競爭，也都必須處理與人之間的關係，從這點來看，他們都是再平凡不過的人類，所以當然也會有虛榮心，也想要擁有好名聲，也會因此焦慮不安。所謂的「語言」當然摻雜了這些私情私慾。

所以「語言」既是別具深意的東西，也是棘手的東西。

鹿島教授也說：「人類就是只愛自己的生物，只要一有機會就會想要突顯自己」、「人類總是不擇手段地想要彰顯自己」。

看來就算是了不起的人、知名的人還是專家，也不能完全相信他們說的「話」。

我們必須抱著質疑的態度，用心審視那些充斥在我們身邊的「話語」到底有幾分可信。

人類會藉著挑別人毛病肯定自己

人類很難憑一己之力滿足自尊心，而且一點小事就能讓玻璃心碎成一地。一如剛剛提到的「DODA」，人類的自尊心就是這麼脆弱，不扯到別人就無法維持自尊。

比方說，在公司的風評不好，就很難升官發財，跟家人處不好有可能會被另一半戴綠帽，而這些事情都會讓自尊心產生動搖。

若我們在成長的過程中，遇到一些難以消化的自卑感，自尊心就會變得更脆弱。

當人類沒辦法說出「I am OK.」時會怎麼做呢？答案就是對別人說「You are NOT OK.」，藉由貶低別人來肯定自己。也就是說，在某種程度上，貶低別人能夠讓自己得到滿足。

不過，沒有人有權力干涉別人。

一旦被別人說：「這跟你有什麼關係嗎？」就再也無法干涉對方。就連小混混也得先故意找碴，才能干涉別人。人類就是被各種社會規範綁得死死的存在。

因此，要想不講道理地干涉別人、滿足自尊心，就必須找碴（捏造理由）。比方說，「你這裡做錯了！」、「你很奇怪，所以我很不爽！」、「我就是有權力干涉你，因為……」必須找這些藉口來干涉別人。這跟小混混或是不良少年說「喂喂，你在看三小啊？」是一樣的道理。

人類為了抒解內心的自卑感、讓自我感覺良好，會以最冠冕堂皇的理由包裝自己，然後找別人麻煩。相對於正當的公共規範（社會規範），這種規則叫做「私人規範（假規範）」。

被用來找麻煩的「話語」

常被用來找麻煩的媒介當然就是「話語」。

對方的自卑、罪惡感、良心都是能拿來找碴的藉口，簡單來說，就是利用口才編造最冠冕堂皇的歪理。

要避開這些事情、忽略這些歪理，就必須告訴自己——「對方沒有資格干涉你」，也必須察覺，**那些最冠冕堂皇的「理由」背後，藏著對方的自卑感**。

一旦相信對方說的那些話，就會產生「原來如此」或是「我也有錯吧」這種感覺，然後被對方耍得團團轉。大部分的人之所以會被別人說的話影響，在於太過相信那些用來包裝自卑感的理由。

彷彿自己成為「神」的人類

在找對手麻煩時，人類就會假裝自己全知全能，也假裝自己有控制對方的權力。

霸凌或是騷擾都是相當顯而易見的例子，就算彼此是朋友，比較強勢的一方也會控制相對弱勢的另一方。

我們的社會也很常發生這類例子。比方說，上司會一直罵工作不力的部下「既然你沒辦法完成工作，隨便做點什麼也好啊！」這些都是因為公領域失序所產生的例子，此時的上司也會做出自己彷彿是「神」的行為。

就算是在職場，也沒有人身攻擊的權利，但因為是「神」，所以似乎具有否定別人人格的權力，也能隨心所欲地改變對方。如果對方還是沒有任何改變就繼續痛罵對方。

被責備的部下也會覺得自己有錯，也會因為這份罪惡感而把上司的那些批評當真，換言之，就是把變得異常的上司所說的每句話都當真。

不過，我們的身體很老實，會立刻覺得上司說的那些話不太對勁，因為身體會跳過語言，直接感受到上司的自卑感。

一如身體能夠感受到上司的自卑感，上司為了撫平心中的自卑感才會不斷地批評下屬。上司的每句話，每一句為了騷擾人心而說出的話，說到底都是不值得一聽的廢話。

《小王子》也是被話語操控的受害者

東京大學教授安富步曾寫了《誰殺了小王子？——道德騷擾的陷阱》（明石書店出版）這本書。

聖・修伯里所寫的《小王子》，在日本是非常受歡迎的兒童文學書籍。在許多人的心目中，這是一個充滿愛與羈絆的故事。

《小王子》的主要內容是一個在撒哈拉沙漠迫降的飛行員，遇見了來自其他星球的小王子的故事。

小王子在自己的星球中與朋友——玫瑰吵架後，便開始在不同的星球之間旅行，也在旅途之中遇見了不同的人，最後來到了地球。等到他知道，玫瑰在地球是隨處可見的平凡花朵時，便流下了眼淚。

不過，小狐狸卻跟他說，小王子用心栽培的玫瑰是獨一無二的。那句標誌性的：

「人只有用自己的心才能看清事物，真正重要的東西用眼睛是看不到的」名言也告訴我們，何謂真正的愛與羈絆。

不過，研究騷擾的學者安富教授卻指出，《小王子》並非如此美麗的故事，而是充滿道德騷擾的悲劇。

簡單來說，安富教授認為在《小王子》這本書之中，玫瑰以愛為名，對小王子進行道德騷擾，小狐狸則以友情為名，進行了二次傷害的騷擾。

如果從這個觀點重新閱讀《小王子》，的確會發現許多不對勁的地方。

比方說，小王子曾對玫瑰說：「認真看待隨口說說的話，讓人覺得很沮喪」、「我不能聽信那朵花說的話」，卻又說「我不能逃離這裡，我必須知道，玫瑰說的那些話，背後蘊藏著愛情」，這都代表小王子被玫瑰的「話」所操控，也因此陷入混亂。這簡直就是陷入互相依存、心理被他人操控的人最常見的思考模式。

當小王子在旅行途中發現玫瑰並非無可取代的花朵之後，這種騷擾的基礎便產生動搖。照理說，小王子應該與操控自己的玫瑰保持距離，讓自己恢復正常，但是，當他遇見小狐狸之後，小狐狸的那句話再次強化了騷擾的基礎。

小狐狸對小王子說：「既然彼此有所羈絆，就要永遠為對方負責」，而信以為真的小王子也就此不斷地告訴自己：「我對我的玫瑰有責任啊……」到了故事的最後，還大喊「我對那朵花是有責任的啊……」，然後讓毒蛇咬自己的腳自殺。

小王子在旅行途中，漸漸地明白自己的感覺，也因此漸漸地知道該如何逃離騷擾。不過，這種感覺卻被小狐狸說的話所抹殺，也就是大家都聽過的那句**「人只有用自己的心才能看清事物，真正重要的東西用眼睛是看不到的」**名言。

我知道，有不少人喜歡這句名言，但這句話一點也不美，只是小狐狸用來操控小王子的話。

「真正重要的東西用眼睛是看不到的」的這句話其實是在要求我們忽略眼睛看得到的事實，相信虛幻不存在的事物，一如要飽受虐待的小孩忽略看得見的事實（暴力、惡言惡語），相信看不見的親情，以及告訴自己：「爸爸媽媽其實很愛我（一切都是我的錯）」。

其實小王子也忽略了玫瑰操控自己的事實，被「羈絆」、「責任」這些看不見的抽象事物困住，最終也因此了結了自己的性命。

照理說，真正重要的是實際的行為、是實質的支援，絕不是那些聽起來冠冕堂皇的話術，更非想像中的愛。

像這樣從道德騷擾的角度重新閱讀《小王子》，就會看到截然不同的故事情節。

被別人說的話耍得團團轉的我們，在看到小王子的故事之後，實在無法置身事外。其實有許多人都像是故事之中的玫瑰與小狐狸，利用一些別具深意的話操控我們。

家人、好朋友、朋友、認識的人、公司的上司、同事會一邊說著理所當然的話，一邊操控我們。

比方說，當你跟朋友聊戀愛與結婚的事情，通常會激起對方的嫉妒或是不安的心情。如果跟家人討論換工作或是搬家的事情，家人可能會因為不希望你遠行，或是因為不符合他們對你的期待，抑或不夠體面，而以某些看似正當的理由反對。

上司與同事也一樣，因為他們既是同伴，又是利害關係人，有時也會想操控自己的部下或是同事。

所以不能全盤接受別人說的每句話，必須仔細地觀察對方以及對方給的建議。

話語眞有改變現實的力量？

讀到這裡，想必大家已經知道，人類的「話語」很不穩定、充滿了雜質，不能盡信。如果不知道這點，一味地覺得「話語很重要」，就會被耍得團團轉。

另一個讓我們被話語操控的重要因素，就是來自「話語具有某種魔力，能夠影響現實」這種言論的不安。

身為心理諮詢師的我到目前為止見過不少人，也有不少人都有這類不安。令人意外的是，這種不安很棘手，因為很多人都知道這句話很可笑，卻又莫名地相信這句話。

人們之所以會對話語有著難以言喻的敬畏，或許與那些以此作為行銷策略的商人，以及那些誇大的宣傳有關。

心理諮詢師所寫的心理學書籍、自我啟發書籍或是相關的講座，或許也是幫凶之一。

「話語很重要，人類是由語言塑造的，讓我們改變你的話語技巧，讓我們變得正面吧！」

「話語很重要，大家都聽過一語成讖這句話吧？《聖經》的開頭也提到了話語，所以話語蘊藏著神奇的力量！」

許多同行都會如此強調……。

這種強調話語的力量、向這種力量求助、解決自己的煩惱的途徑，或許能讓我們暫時擺脫煩惱，但最後卻會像是迴力鏢般打到自己身上，讓我們因此害怕語言那被過度誇大的力量，反過來被語言耍得團團轉。

「能改變現實的話語」屬於「神諭」，並非「人的語言」

「太初有道」、「一語成讖」這類說法常被用來強調話語的影響力，不過仔細一查就會發現，這些指的都不是我們人類的語言。

《聖經》裡面的「道」是指「神的語言」，一如約翰福音第一章第一節提到的「道與神同在，道就是神」，這裡說的「道」是神的話語。

反觀人類（亞當）是被蛇的「謊話」所哄騙，犯下誤食禁果的愚蠢生物。

同樣地，《創世記》在諾亞洪水的故事之後，也提到全世界的人說著相同的語言，以及人類想要打造通天的巴別塔這個知名的故事。神在看到如此傲慢的人類之後，便讓人類的語言變得不一樣，讓人類無法了解彼此的意思，阻止人類打造能夠通天的巴別塔。在這裡，人類的「語言」被描述成滿足傲慢之心的工具。

雖然《聖經》也提到摩西這位先知曾從上帝領受了尊貴的訓誡，但也不能就此將人類的話語解讀成尊貴或是了不起的東西，我們反而應該多注意蛇的謊話與人類的語言。

至於「一語成讖」的概念也是一樣。在《聖經》之中，「語言之所以具有改變現實的力量」，是因為那是來自神的話，以及與神有關的話，不是人類常用的語言。

一般認為，所謂的言靈（一語成讖的意思）是人與神之間的媒介，是能影響現實的語言，卻無法用來改變人力能夠改變的事物（《言靈與日本——言靈論再考》樋口達郎著、北樹出版）。

調查這些自古傳承下來的經典之後，反而會發現人類的語言是那麼無力、那麼地模稜兩可、那麼地廉價，所以我們該仔細檢視人類的語言，別太過在意人類的語言才對。

「具體可見的現實」往往會扭轉主觀視角

第二次世界大戰被稱為總體戰，指的是將社會的所有資源投入戰爭的意思。街上掛滿了強而有力的口號文字，不斷地鼓舞士兵與國民，至於那些消極的意識形態則被徹底排除。

我看過當時昭和天皇於伊勢神宮祈求打勝仗的影像，讓我不禁覺得，第二次世界大戰不只動員了每個人，還動員了神明，這真的是極致正面的話語體制。

不過，大家都知道結果如何——日本在物資完全不及美國的情況之下，如同秋風掃落葉一般，被美國完全擊潰。

曾有人訪問在一九四五年八月聽到戰敗廣播（也就是日本所謂的玉音播放）的人有什麼感受，得到了下列的回答——

「透亮的陽光依舊照射在田裡與樹木身上，白雲靜靜地浮在天上，炊煙從家家戶

戶裊裊升起。但是，我們卻戰敗了。讓人難以相信，大自然沒有任何異變出現」（詩人、伊東靜雄的日記）

照理說，全國上下在「口號」與「精神鼓舞」總動員之下，應該能贏得戰爭才對，就算打了敗仗，這世界應該崩壞或是發生異變才對。不過，讓人意外的是，這世界什麼事情也沒發生。

德國哲學家胡塞爾（Edmund Gustav Albrecht Husserl）是一位研究人類認知構造的哲學家，他認為，所謂的認知雖然都源自主觀，但是「具體可見的現實」會像是扭轉主觀般，在我們的面前出現。

就算我們對著眼前的蘋果說「給我變成橘子！」蘋果也不會真的變成橘子，因為蘋果就是蘋果，橘子就是橘子，可見語言與思考根本不具備任何力量，會輕易地被「具體可見的現實」取代。

不是「心技體」而是「體技心」

「心理訓練」（Mental Training）在體育界與商界漸漸受到青睞之後，「話語」也因此漸漸受到重視。

保持正面的心態固然重要，但結局仍是由實力所決定。職業高爾夫球選手青木功以及職業棒球選手落合博滿都曾說過，重點在於「體技心」，而不是「心技體」，一再強調身體與技術的重要性。體力與技術若是未達到足以競技的程度，在心態還沒發揮之前就已經先輸了比賽，換句話說，體力與技術必須先達標，才有討論心態的空間。

最能說明「體技心」的例子便是二〇〇九年WBC世界棒球經典賽的日韓冠軍戰，鈴木一朗選手在第十局適時打出安打的時候。

其實就算是鈴木一朗選手，當時一定也承受了超乎想像的精神壓力，腦海一定浮現了許多難以摒除的雜念，比賽結束之後，還出現了胃潰瘍的症狀。即使如此，他還是適時地打出了安打，那真的是一支靠著長期訓練的身體與技術所打出的安打。

由此可知，心態固然重要，但是「話語」的價值似乎已被過度地吹捧。「話語」沒有超越物質的力量，而心理訓練的目標或許也是讓「話語」的優先順序低於身體與技術。

別人的話都是廢話！不需要照單全收

容易被語言操控的人大部分都相信「人是理性的，是尊貴的」，也接受「每句話都另有涵意，都值得傾聽」這些不成文的前提。

這些人總是覺得「不能忽略別人說的話」、「聽到大道理就該用心理解，活用這些道理或是反省自己」，所以才會被那些由不穩定的人說的廢話耍得團團轉。

不過，這類「前提」與人類或是言語的「真實情況」卻完全不一樣，甚至可以說是背道而馳的。從前面介紹的例子以及內容便可知道，人類絕對不是「理性而尊貴的存在」。

人類是在身心與公領域都穩定時，才能夠維持穩定的存在，換句話說，只要遇到一點小事就無法保持穩定，我們平常也會看到這類情況。

就算我們身處穩定的環境，我們依舊不是萬能的神，我們不過是區區的人類，所以我們必須審視別人的想法與發言。

就算對方看起來很冷靜，也不能全盤接受對方說的「話」。

說得極端一點，「人類的每一句話都是廢話！基本上，都可以忽略」。

4

容易被操控的原因

依附障礙、心理創傷

讓自己被話語操控的不安究竟源自何處？

前一章提到了人類與語言的真實樣貌。當我們一直覺得「人類是尊貴的，人類的語言是美妙的」，就無法輕易地忽視語言。當我們知道人類與人類的「語言」的真實樣貌，自然而然就會知道該怎麼忽視「語言」。

一如「知己知彼，百戰不殆」這句孫子兵法的名言，這次我們要一起了解我們容易被操控的原理或理由。

一開始先了解那些容易被語言操控的人有哪些心理方面的特徵，再進一步挖掘藏在背後的原理。

或許你也有類似的特徵，還請大家一邊檢視自己，一邊閱讀本章的內容。

害怕被看穿的不安

容易被他人操控的人，常有「害怕被他人看穿」的心理特徵或是不安，這些人總是覺得他人比自己更了解自己。

尤其遇到看起來很有自信的人、輩分與地位比自己更高的人，更是害怕自己被看穿，所以總是過度重視別人說的話，也才總是被別人說的話操控。

被操控的真正理由在於缺乏自信、不夠了解自己，以及缺乏自我一致性（Congruence），或是就算了解自己，也不確定自己是否真的了解自己。

只要能對自己有一定程度的了解，就能忽視別人對自己說的話，也能反駁對方。不過，當自己都覺得不夠了解自己，就會不由自主地告訴自己：「說不定別人說的話是對的」。

害怕被點出盲點的不安

我們有時會因為對於事物的認知不足而感到不安。

比方說，我們有時會擔心自己掌握的知識或資訊有誤，或是有一些自己沒看到的盲點。

我們害怕被別人指出自己沒看到的部分，也覺得自己並未掌握足夠的客觀知識與資訊。

當我們想要假裝很有自信而發表言論，有可能會被別人說太過強勢，但是若保持低調，也有可能說不贏別人。簡單來說，就是不知道該拿捏箇中的分寸。

比方說，去拜訪客戶時，沒辦法很有自信地為客戶說明產品，開會或是發表意見時，也莫名覺得只有自己會發表錯誤的內容。這感覺就像是被排擠一樣，所以只要別人稍微提出問題或是批評，就會被別人牽著鼻子走，沒辦法有自信地回答別人的問題或是批評。

害怕被突襲的不安

容易被別人操控的人，也很「害怕被突襲」，這部分與前一節的內容也有關係。

所謂的「被突襲」是指突然被點出討厭的事情，或是被告知意料之外的事情。這種害怕的感覺就像是一個人半夜緊張兮兮地走在街上一樣，這類人很害怕別人突如其來的一句話，所以才會把別人隨口說說的一句話當真。

這類人莫名恐懼別人的存在，就算冷靜下來，也會被一點小事耍得團團轉。

不想成為邊緣人——害怕被無視的不安

為了不被別人牽著鼻子走，必須建立哪些話該聽，哪些話不該聽的標準，但此時會成為障礙的是害怕被當成獨善其身的人的心態。此時的我們會擔心「要是自做主張，忽略別人的意見，會不會錯過重要的事實？會不會因此遇到困難？」

也會擔心別人因為自己的剛愎自用而感到失望，或是擔心自己被別人放棄。

這種「害怕被無視的不安」可說是最常見的煩惱之一。

一旦出現這樣的煩惱，就會像是小孩子一直黏著爸媽不放一樣，對別人說的話過度執著，變得無法忽略別人說的話。

◆　◆　◆

被別人操控的依附障礙與心理創傷

從前面介紹的幾個特徵就能明白，之所以會被別人牽著鼻子走在於害怕被放棄，這類人的內心充滿了這類不安與恐懼。

害怕被放棄的這類不安與恐懼源自依附障礙與心理創傷。

或許大家覺得「依附障礙」或是「心理創傷」與自己無關，但其實依附障礙與心理創傷隨處可見。

某個研究指出，約有三分之一的人有所謂的依附障礙，具有心理創傷的人也差不多是這個比例。

了解依附障礙與心理創傷的原理，就能幫助我們忽略別人說的話，因為了解潛意識的運作機制，就能避免自己陷入惡性循環。

接下來就讓我們一起了解依附障礙與心理創傷，以及看看依附障礙與心理創傷會產生哪些症狀。

依附障礙是什麼？

所謂的「依附（Attachment）」指的是與特定人士之間產生的羈絆，而所謂的特定人士通常是自己的父母親。雖然近年來，越來越多男性開始帶小孩，但在大多數的情況下，依附的對象都是母親。除了人類之外，動物也有依附的傾向。一般認為，這種屬於生物學的現象有利於生存。

依附關係通常在出生半年至一歲半這段時期形成（有些人會延續到二、三歲左右，每個人的情況各有差異）。在這段期間，父母親必須常常與小孩有肌膚之親，也必須以一貫的態度照顧小孩。

如此一來，小孩與父母親之間就會出現依附關係，小孩也會將這種關係視為一種「歸屬感」，情緒也會因此穩定，進而學習與別人溝通的方法，以及接觸世界的方法。

如果父母親的態度忽冷忽熱，一下子過度關心小孩，一下子又不理不睬，小孩與父母親之間的依附關係就很難穩固，也就會出現所謂的「依附障礙」。

其實這類依附障礙通常與父母親的狀況有關。比方說，父母親若是身心出現問題，就無法穩定地照顧小孩。如果夫妻之間出現問題或是家庭不和，父母親的情緒也會不穩定。如果父母親自己也有依附障礙，就無法以一貫的態度面對小孩，不過小孩子的個性好不好帶，當然也有關係。

如果是與爺爺、奶奶同住，小孩的依附對象有可能是爺爺或奶奶。如果是小家庭，沒有爺爺或奶奶可以幫忙，許多事情就得由自己問題也很多的父母親自行承擔與處理，所以小孩也會因為家庭的不穩定而受到影響。

在看到這類狀況之後，或許就不會覺得日本有三分之一的人口屬於依附障礙是過度誇張的數字。如果連小事都算在內，或許會覺得有依附障礙的人應該更多才對。

◆　◆　◆

依附障礙會造成什麼影響？

目前已知的是，依附障礙會對身心的各個部分造成影響。比方說，成人會因此罹患憂鬱症或是其他的精神疾病，或是對整個人生造成影響，例如壽命會縮短，身心的健康會受到影響，無法建立健全的人際關係或是學習能力不足。

前一章提到的逼車者與家暴者也有依附障礙，因為依附障礙會讓他們感到自卑，進而做出那類破壞性的行動。

酒精中毒或是藥物成癮這類症狀，也與依附障礙有關。因為這些人為了紓解依附障礙造成的痛苦，才會選擇依賴特定的物質。

一旦有依附障礙的問題，通常很難建立健全的人際關係。前面提過，父母親對小孩忽冷忽熱的話，會讓小孩出現依附障礙，而這種依附障礙會反映在小孩與別人的溝通方式上。比方說，小孩會變得無法從容地與別人溝通，也很難與別人建立親密的關係，更有可能會說翻臉就翻臉，無法以固定的態度面對別人。

一旦出現依附障礙，就會無法認同自己，也會覺得生活很痛苦，而這種模糊的自我認同也會讓人更無法建立穩定的人際關係。

本書的宗旨是讓大家不再被別人的話耍得團團轉，以及學會不在乎別人語話的技巧，而這個宗旨也與依附障礙息息相關。

想利用別人的「話」填補殘缺的依附關係

對有依附障礙的人來說，別人說的「話」就像是用來修補依附關係的代替品。他們覺得別人說的話能填補殘缺的依附關係，「別人的話或是看法」能取代依附關係，甚至覺得別人說的話就是自己說的話。如果別人給予的是肯定的評價，那當然是再理想不過的事，但他們也會因為負面的評價而受傷。

這就像是酒精與藥物一樣，雖然酒精與藥物能暫時讓人忘了現實，但是內心還是會受傷，能量還是會因此消耗。

最讓人類感到痛苦的就是什麼都得不到的情況。與其因為什麼都得不到而感到空虛，寧可透過負面的評價暫時麻痺自己。

在這樣的情況之下，就會渴望得到別人的評價，也無法忽略別人說的話。

心理創傷是什麼？

接著要帶大家認識「心理創傷（Trauma）」。

簡單來說，心理創傷就是「壓力症候群」（stress disorder）。目前已知的是，人類承受了過度的壓力，或是長期承受壓力的話，壓力反應這類維持身心恆定狀態的機能就會下降。所謂的「壓力反應」是指自律神經、免疫系統、內分泌這類生理機能。當這些機能衰退，就會出現憂鬱、不安、失眠、身體不適、過度緊張、適應障礙的症狀，進而無法建立健全的人際關係，工作表現也會因此下滑。

許多人聽到「心理創傷」都會聯想到記憶障礙，最常見的就是「重現」（flashback）的影響，也就是想起過去討厭的事情而陷入恐慌，或是最近發生的事情在腦海之中被改寫。

也很常出現解離症這類喪失現實感、自我感的症狀，症狀嚴重的話，還會出現多重人格的症狀。

最近也發現「發育創傷症候群」這種因心理創傷導致發育障礙的情況。許多人之所以會覺得「我該不會也有發展障礙」，其實通常與後天的心理創傷有關，為此，專家將心理創傷造成的各種問題稱為「第四種發展障礙」。最近蔚為話題的HSP（高敏感族）其實也與依附障礙、心理創傷有關。

夫妻吵架是造成心理創傷的原因

造成心理創傷的主要原因，主要來自於家庭內部的慢性壓力。

最常見的例子就是夫妻在小孩面前吵架。或許大家會覺得意外，但是在孩子面前吵架，的確是造成小孩心理創傷的原因，所以最近將這種情況稱為「面前家暴」（目睹家暴的意思），有時候兒少機構會因此介入。目前日本社會正慢慢地知道，對小孩來說，夫妻吵架也是一種虐待，小孩也會因此承受沉重的壓力。

依附障礙與學校霸凌

另一個造成心理創傷的原因就是前一節提到的「依附障礙」，也就是父母親在嬰幼兒時期照顧小孩的方式。由於「依附障礙」的研究，與心理創傷的研究是分開進行的，所以被視為不同的概念，但就臨床治療而言，幾乎是將依附障礙視為心理創傷的一種。

除了上述的原因之外，在學校或社團遭受霸凌或是在公司被騷擾，都是造成心理創傷的原因之一。

不受重視的日常壓力也是造成心理創傷的原因

或許大家聽過PTSD（創傷後壓力症候群）這個詞，而強暴這類性方面的傷害或是戰爭、地震災害、暴行、意外這類突如其來的高度壓力所造成的心理創傷，則稱為「單次性心理創傷」。至於慢性輕度壓力造成的心理創傷則稱為「慢性反覆性心理創傷／複雜性創傷後壓力症候群」。

在過去，單次性心理創傷受到重視，但是慢性壓力造成的心理創傷卻被輕忽。

也因此，那些因為慢性壓力造成的心理創傷而感到痛苦的患者，不知道自己為什麼會那麼痛苦，就算讀了心理創傷的書籍，也找不到對應的說明，覺得心理創傷似乎是另一個世界的事情。

許多人都不知道的是，自己之所以會莫名緊張、會與周遭格格不入、會容易被別人牽著鼻子走都與心理創傷有關。

由此可知，心理創傷其實十分普遍，如果連不明顯的症狀都算在內，沒有心理創傷的人可說是少之又少。

源自心理創傷的「適應障礙」

心理創傷與依附障礙一樣，都會讓人被各種症狀折磨，在此想要介紹的是被「語言操控」的相關症狀。其中最具指標性的症狀之一就是「適應障礙」。

適應障礙顧名思義，就是過度配合他人或周遭環境的狀態。

一般來說，每個人都有自己的價值觀與步調，在與別人來往時，不僅會保有自我，也會與對方保持一定的尊重，試著配合對方。

此時除了會思考該怎麼配合對方外，自律神經以及其他生理反應也會跟著配合，假設波長與對方吻合，聊起天來就會特別輕鬆與開心。

但是當我們的壓力反應機制因為心理創傷而失調，就無法在配合對方的同時自然地保持平衡，也就是無法放鬆地做自己，如此一來，就無法自然而然地配合別人，而是得傷透腦筋才能跟上別人的步調。這種情況就是所謂的適應障礙。

如果再加上前面提到的依附障礙，也就是「害怕被無視的不安」，就會不由自主地想要配合別人，也會因此被別人牽著鼻子走。

過度膨脹的他人意象

當我們出現心理創傷（依附障礙），自我意象或是他人意象就會過於萎縮或是膨脹。

小時候的我們總是覺得自己什麼都做得到，覺得父母親就像是萬能的神一樣。這種對父母親的想像就是最具代表性的他人意象（image of others）。當我們長大成人，這種意象才會變得更加符合事實。

不過，若是在長大成人的過程中，產生了心理創傷或是依附障礙，上述的意象就無法繼續發展與形成。

比方說，自我意象有可能過度膨脹或是過度萎縮，他人意像也有可能莫名地過度膨脹，如此一來，不管遇到誰，都會覺得對方莫名地巨大，也會莫名地害怕對方，進而過度重視對方的每一句話。

這種自我意象與他人意象的扭曲，就是我們被別人操控的主要原因之一。

覺得人類很尊貴很了不起

當他人意象過度膨脹，就會莫名地「理想化」對方。

話說回來，一旦出現心理創傷，就會想要追求理想主義。因為自己遇到太多不合理的事情，反而覺得這世上有一切都合理的理想狀態，也會過度地美化人類。

比方說，有可能將藝人、偶像、經營者、運動選手視為崇拜的對象，美化這些人說的話或是行動，以及不假思索地接受對方的一切。

若是在公司、學校或是朋友圈遇到自己覺得很厲害的人物，就會覺得對方特別地偉大，無法與對方平起平坐。

由於覺得對方「很偉大」，所以就無法忽略對方的意見或是批評，尤其當對方點出自己的缺點時，會覺得對方的提點就像是某種神諭般，是一種再客觀不過的事實。

對事物過度解讀

一旦出現心理創傷，也會出現「過度解讀事物」的傾向。這是因為有些心理創傷甚至會危及性命，所以就算只是日常的小事，也會變成緊急狀態的模式，此時就像是身在戰場的士兵一樣，覺得草木皆兵，無法樂觀地面對事物，也會不由自主地過度解讀別人的每一句話。

受到家人的自卑感影響

之所以會過度解讀別人的意見，有可能是在成長過程中，受到家人或是朋友的自卑感所影響。不管是誰，要想消弭自卑感，大致會採用兩種方法，一種是努力地創造「I am OK.」的狀態，另一種則是說別人「You are NOT OK.」，試著貶低別人。

假設選擇的是「You are NOT OK.」這條路，就能讓自己像是處罰對方的神一樣，也能忽視在內心作祟的自卑感。

要想貶低別人，就必須沒事找事。

否則就會被對方說：「所以咧？那又怎麼樣？」、「這沒什麼吧？」所以在貶低別人時，這類人都會刻意做出凝重的表情，讓對方知道他有多麼生氣，讓對方知道，這一切都是對方所引起的，對方又是多麼糟糕的一個人。

換言之，就是透過這些遷怒或是貶低對方的舉動，消弭內心的自卑感。

在這個過程之中，這類人會希望對方「聽從自己的意見」，會逼對方接受自己的想法。若是冷靜地分析這一切，會發現這類人總是想要透過沉重的氣氛或是情緒，逼別人接受那些看起來不過是某種玩笑的要求。

或許也是因為這樣，那些有心理創傷的人也覺得自己得認真地看待每件事，傾聽別人的每一句話吧。

過度的同理心

有心理創傷的人非常重視所謂的「同理心」。

這跟前一節提到的理想主義有關係。因為自己遭受了許多不合理的對待，所以有心理創傷的人很討厭那些不講理的人，也不想成為那樣的人，也希望自己能儘可能地理解對方的心情，也覺得所謂的溝通就是要傾聽對方的每句話，儘可能地正確地讀懂對方的心。

然而，事實上百分百的與對方產生共鳴是很困難的。這種想要與對方產生共鳴的態度，反而會被那些自卑的人當成弱點利用。

就算一開始與對方產生共鳴，慢慢地，對方就會以「你都沒在聽我說」、「你都不懂我在想什麼」這類話術操控你，這些話術對十分重視同理心的你而言，無疑是一大打擊，這時你有可能會跟自己說：「明明已經這麼努力地傾聽對方的心聲，對方卻還是這麼覺得，那一定是我有問題，一定是我少了一些身為人類該有的情感……」。

然而對方像是看透了你心中的這份不安，繼續透過類似的話術操控你，而當你急著要與對方產生共鳴時，反而被對方當成消弭自卑感的工具。

在這種狀態下，是絕對不可能忽視別人所說的話的。

無法區分自己與他人

「覺得同理心很重要」是一種彷彿自己就是對方的溝通方式。

這對彼此都是非常危險的行為，因為自己與他人的界線會因此變得模糊，也會以自己心中的尺度衡量對方，或是以對方的尺度衡量自己。

若是想要對方「多付出一點」或是覺得對方「為什麼不這樣做？」然後因此變得很煩躁，這就是難以區分自己與他人的典型症狀。

人類在還是小寶寶的時候，會覺得自己與父母親融為一體，而這就是「無法區分自己與他人」的狀態，但這種感覺會隨著我們長大成人而慢慢修正，我們也會漸漸明白自己與他人是各自獨立的個體，可是依附障礙與心理創傷會阻礙這種修正的過程，讓我們無法明白自己與他人是各自獨立的個體。

一旦我們無法在自己與別人之間劃出明確的界線，文字就會像是一把剜開胸膛的利刃逼近我們，讓我們無處閃躲。

若總是無法忽視別人說的話，總是被別人操控，很有可能自己與別人之間的界線非常模糊。

過度客觀

一旦出現心理創傷，就會失去自信，害怕被別人放棄，也會變得想從客觀的角度判斷事物的正確性。比起透過主觀解讀事物，這種人會覺得自己彷彿站在世界這個舞台之上，而善惡、是非的標準則通通位於外界。

此時這種人會看不起那些不講理的人，覺得他們的一言一行都流於主觀與情緒，也會不希望自己變成那樣的人，進而變得過度客觀。

不相信自己

一旦變得過度客觀，就無法相信自己，也會一直覺得外界的標準才是正確的，要求自己必須順從這種標準，也不會察覺自己正被這種要求折磨，因為這種人總是覺得「從客觀的角度解讀事物」才是對的，才是最理想的方式。

這種人會覺得自己太過膚淺、太過不成熟，所以無法了解外界的基準，也會覺得別人比自己更了解這種外界的規則，所以變得很沒自信。

這種人會很想知道自己的一言一行是否合乎外界的標準，然後對自己非常嚴格，只要犯一點小錯就會不開心，而且會把「對不起」掛在嘴邊，不斷地責備自己。

其實這世界根本沒有客觀的標準，所謂的「正確」也很有很多種，每個人的主觀也會彼此碰撞，所以我們得建立屬於自己的行動標準，一旦變得過度客觀，就會過度重視別人的意見，進而將那些可有可無的意見或是可以忽略的意見當成金科玉律。

越是刺耳的建議越該傾聽

有心理創傷的人會覺得「越是刺耳的建議越該傾聽」，這種傾向與前面提到的過度客觀也有關係。

缺乏自信以及理想主義也會讓有心理創傷的人覺得自己應該廣納諫言，必須不斷地修正自己的缺點，讓自己變成更理想的人。

因此他們會避免自己變成剛愎自用的人，也會懷疑自己的感覺，對於別人的指責也會照單全收。

不過就如前一章所說的，別人的意見不一定正確，也挾雜了許多私慾，甚至有可能像是「小王子」那樣被別人操控。

由於沒發現這樣很危險，以及對別人說的每句話照單全收，所以才會被別人耍得團團轉，也看不出真正的問題在哪裡。一旦缺乏主體意識，那麼別人說的每句話就只是毒藥，只會讓我們的自信土崩瓦解。

想要逃離不存在的責任感而過於依賴別人的「意見」

前面介紹了心理創傷的人有哪些特徵，而最後要介紹的特徵是強烈的罪惡感。有心理創傷的人總是莫名地有罪惡感。

一般認為，這是因為依附障礙與心理創傷造成的自我不穩定，以及把別人那句為了找碴所說的「You are NOT OK.」當真所導致，而這裡說的「別人」常常是自己的家人或是父母親。

所以當事人便帶著莫名的罪惡感生活。換個角度來說，就是「背負著不存在的責任」度過人生。

一旦背負著罪惡感（不存在的責任），長大成人之後認識的其他人就會像嗅到血腥味的鯊魚般，為了替自己的自卑感找個出口蜂湧而至。一旦聽到「我會受傷都是因為你的錯」，潛藏在胸口的那份罪惡感就會開始翻騰，將當事人捲入漩渦之中，當然，當事人也會被別人牽著鼻子走。

更糟的是，為了得到別人那句「你的罪已被赦免」，就會更在意別人說的話。由於自己很難免免除自己肩上的責任，所以只能在別人的話裡尋找原諒，可是別人的話是無法免去自己肩上的責任的，所以當事人便更加受傷，更容易被操控。

沒有自我，就沒有自己的「話語權」

說實在的，在了解依附障礙與心理創傷具代表性的特徵之後，你會發現不管是「他」還是「她」都「沒有自我」，也就是「沒有自己的話語權」。

只把別人的意見當成唯一解答，卻失去了屬於自己的話語權。說得更直白一點，就是被別人奪走了話語權，自己的想法也變得曖昧，轉而向別人尋求建議，然後再失去更多的自我。

找回「自己的話語權」

說到這裡大家應該已經發現，前面強調「話語很重要」的「話語」是指「自己的話語權」，不是「別人的」。要能獨當一面，就必須擁有屬於自己的思考判斷，而要擁有自己的思考判斷必須閱讀或是傾聽別人的意見。之所以要在國文課閱讀文學作品、詩、經典著作，不是為了全盤接收那些偉人的想法，而是要將各種想法化為自己作為判斷時的工具。

別人說的話通常缺乏客觀性和精準度，當中往往夾雜了許多私慾，也沒什麼價值，基本上不需要太在意，不然就得經過層層篩選，汰除多餘的雜質，然後再留下那些值得利用的部分。照理說，這應該是在成長的過程中學會的技能。

叛逆期的年輕人之所以會對著大人大喊「煩死了」，在於他們已經從「直譯」別人的價值觀進入將別人的價值觀「消化」、「翻譯」成自己的語言的階段。為了能創造自己的思考判斷、從自己的視角觀察世界，叛逆期是非常重要的時期，我們也應該在此時練習將接收到的話語信息消化成為自己的一部分。

進入社會工作之後，我們會在社會找到一席之地，從事生產活動，話語將進一步成為自己的工具。前一章提到的成熟的社會人格就是這麼一回事。

不過，出現依附障礙或心理創傷這類瑕疵之後，從話語中獲得信息的流程便會出現問題，發展就會停止，若以守、破、離這發展三階段來看，就是一直停留在守的階段，無法創造自己的視角觀察世界，只懂得接受別人的話語意見，以及被別人的話語操控。

若問學會忽略別人的話語，不再被別人操控是怎麼一回事，那就是取回因為各種原因被奪走的「自己的話語權」。也就是取回對話語的主權。說得更清楚一點，就是以自己的標準判斷哪些話可以接受，哪些話應該拒絕，以及自行決定要怎麼解讀這些話語。如果是發話權在自己手上的情況，還能以自己為主角，提出自己的想法與感覺。

只要能察覺這點，你也能取回自己的話語權。

從下一章開始，將以「找回自己的話語權」為題，帶著大家了解學會忽視所需的技巧概念，以及忽視他人意見的原理。

5

語彙在忽視之後
才開始活了過來

利用忽視技巧取回自己的話語權

該怎麼取回「話語權」，不再被別人操控呢？

前一章提到，容易被別人操控的人通常沒有自我主張，也沒有自己的話語權，換言之，學會忽視就是找回自己的話語權，必須學習以自己的標準篩選話語，自己決定如何解讀話語。

這部分會讓你覺得不安的是「我真的有辦法做得到這點嗎？」

「理智上我能理解，但是在日常生活之中，尤其在公司，有所謂的主從關係，必須正確地解讀對方說的話……」

「總覺得無論如何都會被別人操控，沒辦法逃出這個循環……」

「就算是私領域，我也會不自覺地傾聽別人說的話。就算知道對方只是隨口說說，但是忽略這些意見，就沒辦法溝通了……」。

對於容易被牽著鼻子走的人而言，要忽視別人說的話，的確難如登天。

尤其「必須重視他人意見」的信念總是根深蒂固，所以容易被牽著鼻子走的人，往往會要求自己儘可能全盤接受別人說的話，很難以自己的標準篩選。

這就像是在考高中、考大學時遇到的國文、英文的閱讀測驗一樣，因為有正確解答，所以非得正確閱讀文章不可的感覺。這個「前提」是阻擾我們取回話語權的一大原因。

不過，實際情況並非如此。要取回「自己的話語權」絕不像是在逆風的山頂插旗般困難，不是要你與別人對立，也不是要逆風而行。

忽視旁人話語、找回「自己的話語權」反而是建立健全的人際關係，以及在組織之中建立良好關係的行為，只有忽視旁人話語，才會真的活過來。

「先忽視才活過來？」或許大家會覺得這句話很不可思議，但本章要帶著大家了解在職場以及日常生活之中「忽視話語的原理」，了解話語在日常生活與人際關係的實際情況，這是取回「自己的話語權」、學會忽視技術的最佳捷徑。

某間大企業社長一直以來都忽略了八成的指示？

某天在看《日本經濟新聞》時，突然注意到某篇報導。這篇報導採訪了某間知名企業的社長，而這位社長在接受採訪時，說了下列這番話——

「一直以來，我做了不少工作，但有八成的要求與指示我都覺得不需要太在意，而是將心思花在早點完成工作。就算接到重要的報告，我也不會做筆記，因為我覺得『記得住的內容才是重點』」。

這真的是忽視技巧的體現，這位社長一直以來，都不斷地篩選「別人的話語」。

我知道有些人在聽到這種說法之後會說：「那是因為那位社長特別優秀，所以才做得到」，或是會覺得「那位社長不過是想在媒體標新立異才會那樣說」，不過，這位社長如果所言不假，豈不代表「忽略八成的要求或指示，也能成為大企業的社長」嗎？這是真的嗎？

能幹的員工懂得左耳進、右耳出

在距今二十年以上，東京大學教授高橋伸夫寫了一本《能幹的員工懂得忽略指令》，在當時也造成了話題。

根據高橋教授的說法，企業有所謂的「視而不見」的文化，他覺得這是讓企業正常運作的關鍵，所以便進行了相關的調查與研究。

所謂的「視而不見」的文化，是指忽略上司的指示或命令的意思。

當高橋教授提出這種「視而不見」的文化之後，有些學者認為「怎麼可能有這種文化？」，有些大企業的部長則大聲斥責「怎麼可能容忍這種事情存在！」。或許各位讀者的感覺與那位學者或部長一樣，都覺得「怎麼可能有這種事情？」、「實際上根本做不到！」。

不過，高橋教授為了確認這種「視而不見」的文化是否存在，似乎從三十幾間公司收集了數千名員工的資料，進而發現，在某些企業之中，這種視而不見的狀況發生率高達九成。

高橋教授分析「視而不見」這種文化的起因之後，發現起因共有兩種，一種是「上司的指示過於模糊」，其次是「工作內容過於模糊」。

比方說，如果是剛調來的上司，很有可能還沒進入狀況，此時若對上司的命令照單全收，業務有可能會陷入混亂，優先順序也會被打亂。如果不懂得視而不見，只是一味地接受指令，會讓上司在組織之中變得不受信任或是變成異類。

這裡說的「視而不見」其實就是避免這種事情發生的潤滑劑，避免組織像卡住的齒輪無法運作。高橋教授認為，能幹的員工懂得「在接受指示的時候先行過濾」。

不過，有些上司會因為拉不下面子而大喊「你竟敢不聽我的指示？」高橋教授在《能幹的員工懂得忽略指令》中將這種上司形容成「傻瓜殿下」。所謂的「傻瓜殿下」指的是無法應用「視而不見」這種不成文的組織文化，不懂得過濾指示的人。最終，這種上司只會讓自己變得更不受信賴，以及讓人覺得他是異類。

「視而不見」還有另一種功能，那就是能培養懂得獨立思考的員工。所謂的「視而不見」是讓部下自行判斷工作的優先順序，再決定哪些指示該聽從，哪些應該先忽略。這種交由部下判斷的過程能讓部下擁有成為幹部的潛力。

假設高橋教授的調查結果為真，那麼「視而不見」，也就是所謂的「忽視技巧」絕對不是什麼特殊行為，而是組織所需的機能，也能培養員工的主體性。

由此可知，開頭的社長採訪，也絕對不是少部分的菁英才能做得到的事情。

不能盡信經營者寫的書

如果你真的很認真地讀過那些經營者寫的書，或許會對「視而不見」的慣例或是忽視技巧嗤之以鼻。

因為大部分的商業書籍都會提到「默默地完成無理的要求，才能締造想要的成果」這類概念，反之，那些愛找藉口的員工、老是說喪氣話的員工、奉行官僚主義的員工都很糟糕，簡直都把這種員工形容成公司的毒瘤了。

若從經營者的角度來看，員工都很聽話當然是好事，這跟政治家希望所有國民都效忠自己，所有報導都說自己好話是一樣的道理。

一如《能幹的員工懂得忽略指令》這本書所分析的，如果所有員工都不懂得「視而不見」，只懂得聽命行事，公司這種組織就有可能無法正常運作，也無法培養出懂得思考的員工。

最終，公司將因為無法成長而倒閉。其實有不少一切由老闆說了算的公司都是因為員工只會聽命從事而倒閉的。

經營者寫的書當然是符合經營者利益的內容，寫的都是從經營者看出去的角度，以及經營者想要的員工或是想塑造的公司文化。

一旦成為知名企業，新聞記者或是出版社也通常會介紹這間企業的經營者，企業內刊也會將自家公司的經營者捧成「明星經營者」，藉此樹立公司的品牌與形象。

換言之，商業書籍雖然也有不錯的書，但更多的是為了經營者的利益所寫的書。

經營之神也無法擺脫經營者的私心

就連被譽為「經營之神」的松下幸之助也無法放下經營者的私心。

據說，社會評論家大宅壯一將松下幸之助的員工揶揄成沒有個性、只懂得聽從命令的「金太郎糖」時，松下幸之助曾對幹部大喊「是金太郎糖有什麼不好？」

日後成為副社長的幹部也回憶：「幸之助社長的本意的確想將員工培養成金太郎糖，他認為太有個性的員工會像是一盤散沙，能朝著公司決定的方向一起前進的員工才是理想的員工」。

除了這件事之外，松下幸之助也費盡心思讓自己的孫子當上社長、冷凍那些功高震主的員工，在私生活方面，松下幸之助也有情婦，這與被譽為經營之神的形象可說是南轅北轍（《血脈之王——松下幸之助與國際牌的世紀》岩瀨達哉著、新潮社出版）。

就連松下幸之助都無法擺脫經營者的私心，其他的經營者又如何呢？被奉為明星經營者之後，沒幾年就被逮捕的例子也所在多有。

「不管經營者或上司說什麼，一律照單全收，就算行不通也要硬著頭皮去做」是經營者的願望，員工絕對不能這麼做。如果公司想要的是有如金太郎糖的員工，恐怕只會停滯不前，無法繼續成長。（編註：金太郎糖流行於日本江戶時代，製作理念和壽司飯卷相似，不管怎麼切都擁有相同的橫斷面，因此比喻為沒有個性、千篇一律的現象。）

封建時代也有的「視而不見」

如果回顧歷史，江戶時代或戰國時代的情況又是如何呢？

我們都覺得封建社會的主從關係非常嚴謹，主公的命令也是絕對的，一旦反對主公的命令就會被斬首。比起現代的職場，封建時代更加專制，也更沒有施展忽視技巧的空間。

若先將這種成見放在一邊，回想大河連續劇或是以歷史為主的電影，應該會想到家臣在主公說完話之後，對主公說：「臣惶恐，但有事稟告」的場景，而且這類場景還不少。換句話說，家臣的態度雖然惶恐，卻不打算接受主公的命令，其中的「臣惶恐」也只是開場白，為的是替後續反駁鋪陳。

由此可知，家臣不都是應聲蟲，也會向主公提出意見，甚至會反對主公的意見。

例如有些家臣會不顧主公的意見，直言相諫：「主公，現在攻入敵國實屬危險」

或是「現在與民休養生息方為上策」，或是暫時對主公的決策視而不見。看來家臣的職責就是直言相諫吧。

這些雖然只是連續劇或電影的例子，但其實就真正的史實而言，主公也不是只會對臣子頤指氣使，而是為了讓家臣繼續效忠自己而耗盡心思。過於蠻橫無理只會遭到家臣的背棄，有時候甚至會以「主公鬼迷心竅」為由，逼主公隱居，不問政事。

由此可知，就算是封建時代，部下還是會在必要的時候忽略主公的命令，盡力完成自己的使命。

連中國皇帝也會被忽視？

電影《末代皇帝》有一幕非常有名的場景。年少的皇帝想要走出大門深鎖的紫禁城，卻被關在城內，不得出城。換言之，門外的人可以自由移動，但是皇帝卻一步也踏不出城外，只能被無情的大門鎖在城內。

就算王朝再怎麼衰退，末代皇帝仍舊是中國的皇帝，但是部下卻完全不服從皇帝的命令，甚至被身份低微的守門士兵「視而不見」（忽視）」。

就算是皇帝與國王，也只是國家機關的一部分，無法隨心所欲地做想做的事，因為當主君恣意妄為，國家機關就無法正常運作。由此可知，部下懂得「視而不見」（忽視技巧），國家才能正常運作。

同理可證，部下「視而不見」在組織裡絕非特殊現象，也不是只有內心強大的部分員工能做得到的事，而是一種普遍的現象，這也與《能幹的員工懂得忽略指令》這本書的理論兩相吻合。

被操控的人常常覺得「上司過於蠻橫，所以部下只能聽命行事」，但從組織的角度來看，這只是組織未正常運作的狀況。

無法對別人的話語照單全收是很自然的事

或許是因為新冠疫情爆發的緣故，「免疫」這個字眼已變得耳熟能詳。從「免疫系統」的角度來看便會知道，我們人類一定會先檢查來自外界的物質，如果是異物就會予以排除。

許多經營者寫的商業書籍都會提到類似「就算上司的命令有些不合理，不妨先試著全盤接受（否則就無法成長）」的概念，但其實根本沒有這回事。

來自外界的物質很可能混雜著各種危害身體的有毒成分，「別人的意見」也有可能是有毒物質，所以不該囫圇吞棗，一股腦地全盤接受。

英國小說家赫伯特喬治威爾斯（Herbert George Wells）所著的《星際戰爭》提到入侵地球的外星人因為沒有免疫力，最終被地球的病毒擊潰，如果我們不懂得忽視別人的意見，簡直就與這本小說提到的外星人一樣，不斷地被語言操控，直到自己死去為止。

只要是生物，就會先排除來自外界的物質，只接受經過檢查過濾後的物質。

不過，被語言操控的人總是被灌輸「要敞開心胸，傾聽別人說的每一句話」這種概念，然後被話裡的負面元素搞得身心俱疲，照理說，正常人遇到來自外界的異物，都會先予以排除，等到經過檢查之後，才會予以放行。

所謂的「敞開心胸，傾聽別人說的每一句話」應該是**排除異物後自行啟動的狀態才對**。

日常生活也需要懂得「忽視」

雖然前面提到的是公司的例子，但其實日常生活也需要「視而不見」這項技巧，才能建立良好的人際關係。

容易被語言操控的人就算是私領域的人際關係，也一樣覺得該傾聽別人的每一句話，也一樣無法忽視別人的意見，但其實這樣的人際關係是扭曲的。

當你「嗯嗯」地聽著朋友說話時，如果聽到一些覺得有點不對勁的地方，就應該跟朋友說「我覺得這個說法有點問題」。

要想建立健全的人際關係，就該懂得勇敢地說出「我覺得是這樣才對」，表達自己意見。朋友之間就該直言相諫、互相砥礪，而不是只會一味地贊同彼此的意見，成為彼此的應聲蟲。

如果覺得別人的意見有問題，不接受也是理所當然的事。只有當事人知道這些意見是否受用，所以對於表達意見的人來說，對方只接受受用的部分，排除不受用的部分是最開心的事情。

親兄弟也要明算帳——懂得忽視，「公領域」才能正常運作

「視而不見」（忽視技巧）與第三章提到的「公私領域假說」也有關係。

當公領域無法正常運作，人類就會偏離軌道，變得極度不穩定，我們也只有在公領域維持正常時，才能活得像自己。這就是這個假說的重點。所謂的「公領域」就是主觀認知的公共空間或範圍，或是內化的社會規範與社會角色。

「視而不見（忽視技巧）」能讓每個人各司其職，讓組織或人際關係正常運作。換言之，能讓每個人內外的社會規範或社會角色正常運作，這對維持公領域也有一定的貢獻。

東京大學高橋教授的分析指出，員工若不懂得視而不見，組織就會停滯不前，上司本身也會失去信賴或是被視為異類，此時上司若因為拉不下臉，硬是要部下「聽命行事」，只會讓自己的立場變得更奇怪。

這裡說的「奇怪」就是「公領域一旦無法正常運作，人類就會變得不正常」的命題。尤其公司是凝聚性與封閉性極高的中間集團，所以公領域更是容易無法維持，這部分也已在第三章提過，正因為如此，所以才更需要用心維持公領域。

正所謂「親兄弟也要明算帳」，上司與部下更應該互相尊重。所謂的尊重是指「你方便的話，是否可以……」這種態度，如此一來才能在什麼職位說什麼話，組織也才能因此正常運作。

這種態度在日常生活、人際關係或是家庭關係一樣適用。

對於向來我行我素的人來說，或許會覺得這種互相尊重的態度綁手綁腳，但其實這樣的人的公領域早已失序、「無法正常運作」，被這種人操控的人也往往會因此捲入失序的公領域之中。

一旦懂得檢視自己與這種人的相處方式，懂得「忽視」對方的意見，公領域才能再次正常運作，人際關係才會恢復正常。

如果對方還是要求「聽我的話就對了！」就該與對方保持距離，不管對方是職場

（黑心職場）的同事，還是私領域的朋友，這都是該立刻離開他們的警訊。

「忽視」絕非反抗或是對峙

在此要提醒的是，「忽視」、「不在乎」的態度，絕不是反抗別人或是對別人抱有敵意。

而是如前面提到的免疫系統一樣，是自然而然啟動的機制，這能讓每個人都各司其職，扮演該扮演的角色，不是要大家擺出「了解了，那我就來反駁上司的意見吧」、「那我就忽視朋友的存在吧」的姿態。

根據自己的價值觀或職位篩選別人的意見是再自然不過的事，只要能讓自己免於隨波逐流，以及保有自我，自然而然就會這麼做。

把別人的意見照單全收，一切就會順利嗎？

或許大家聽過「亞斯伯格症候群」這種發展障礙。「亞斯伯格症候群」是一種社會化的障礙、溝通障礙或是想像力障礙，特徵則是過於敏感。

近年來，許多書籍都把亞斯伯格症的患者形容成：「不識時務，無法融入氣氛」的人，所以在許多人心目中，這類患者宛如我行我素的外星人。

不過，這種認知可說是大錯特錯，因為亞斯伯格症的患者通常很在乎別人，甚至會因為過度在意別人而忙得原地打轉，累得氣喘吁吁，這與一般人的認知可說是有著相當大的差距。

在經過幾十年的努力之後，亞斯伯格症總算成為主流的議題，但相關的研究才剛開始，亞斯伯格症也可能還有不同的類型，而且在這些類型之中，也有可能出現該被獨立分類的障礙。

不過，不管是哪種類型，都有溝通問題或是社會化的問題，這類患者通常無法理解別人的弦外之音。

最常聽到的極端例子就是上司怒罵：「你給我滾回家！」，結果亞斯伯格症的患者真的回家。或是別人客套地說：「下次有機會一起去喝酒！」，結果亞斯伯格症的患者打電話問對方「你說的下次是什麼時候？」害對方嚇得不知所措，又或者聽到「先處理眼前的工作再說！」卻回答「我眼前什麼都沒有」。

雖然不是所有亞斯伯格症患者都不懂得解讀別人的意思，但從上述這類範例來看，亞斯伯格症患者不擅長忽視指示，只會一味地接受「別人的意見」。

「忽視」必須符合「語脈」

「別管那麼多，照我說的去做就對了」，對於會這麼說的上司而言，再沒有比亞斯伯格症患者更不聽話的部下了。不過，這類職場問題其實非常常見。這是為什麼呢？照理說，不忽視上司說的話不是比較好嗎？

之所以不忽視就不太順利的理由，是因為「語脈」被忽略。話語有所謂的語脈，而語脈就是發話時的背景或是前提的意思。

在發生問題的時候，不了解語脈，只理解字面意思，話語就無法正常傳遞訊息。

比方說，聽到主管大罵「給我滾回家！」大部分的人都不會真的滾回家對吧？雖然也有真的得滾回家的情況，但通常都會根據語音判斷語脈。

被主管大罵「給我滾回家」，卻沒有真的回家的人，其實「忽略」了上司的命令，但也就是因為「忽略」了上司的命令，話語才得以發揮作用。

反之，聽到「給我滾回家」，結果真的回家的人，雖然沒有忽略上司的命令，卻無法讓話語傳達出信息。

前述的《能幹的員工懂得忽略指令》提到，懂得「忽略上司命令」的部下服從的是組織的文化或習慣，也就是組織的「語脈」，所以才會知道該在何時忽略上司的命令，組織也得以正常運作，上司也因此得利。

如果沒發現這點，只是為了個人的面子硬要部下「聽命行事」，那麼這種上司與亞斯伯格症患者一樣，都只會解讀字面意思，組織也將無法正常運作。

傾聽別人意見的B先生，爲何仍被指責：「你都沒有用心聽」呢？

讀到這裡，想必大家已經知道，在第一章提到的那位B先生為什麼很認真聽別人說的話，卻還是被上司說「你根本沒聽懂我說的話」，或是被客戶說「你根本不知道我們的需求是什麼」了吧。

B先生最初是因為用心聽別人說的話，工作才得以順利完成，但那時候的B先生只是新人，只需要單純地完成工作即可，工作也沒有那麼複雜。

可是當他的年資越來越深、職位越來越高、工作越來越複雜，就必須了解所謂的「語脈」，然而此時的B先生卻只知道「正確地傾聽別人的意見」，所以就無法了解別人的弦外之音。

當他被客戶抱怨、被上司叱責，就更無心顧及所謂的語脈，只能一味地看上司與顧客的臉色。當他更用心「傾聽別人的話」，反而更只能根據字面意義解讀，也更無法了解所謂的語脈，最終便陷入這種惡性循環。

話語和語脈就像是「魯賓花瓶」

話語與語脈是相輔相成的關係，語脈是話語的背景，話語是語脈的表徵，同樣一句「真好啊」，會隨著語脈而具有不同的意思，有時是否定的意思，有時是肯定的意思。

可是當話語與語脈不再是這種關係之後，就會像是「魯賓花瓶」（編註：丹麥心理學家設計，看起來是兩個面對面的側臉，卻又像是花瓶的圖像）一樣，將重點放在語言，就無法看見語脈。

要擺脫魯賓花瓶這種狀態，必須根據語脈，找出話語的定位。

但是容易被話語操控的人，總是莫名將注意力放在對方的心情或想法，而不是語脈。造成這種狀況的原因有很多種，但那些容易被操控的人往往以為窺探別人的心情或想法，就是將注意力放在語脈。

由於在「話語」與「對方的心情與想法」之間左支右絀，才因此看不見語脈，無法順利完成工作或是建立健全的人際關係。

一般來說，不懂得掌握現場狀況的人，通常習慣只從字面解讀意思，而**過度解讀現場狀況的人，卻又太過在意別人的想法**，所以這兩種人才無法掌握所謂的語脈。

所謂的語脈就是「自己的語脈」

其實語脈也有很多種，例如從小到大培養的「自己的語脈」、「別人的語脈」、學校與職場「特有的語脈」，但是對成人來說，所謂的掌握語脈並非根據「別人的語脈」或是學校與職場這類「特有的語脈」進行溝通。

基本上，掌握語脈是指根據「自己的語脈」解讀他人的言語。以「掌握職場特有的語脈」為例，是指在職場文化的熟悉過程中，慢慢將職場文化整合為「自己的語脈」的意思。如果無法將「別人的語脈」或是這類「特有語脈」整合至「自己的語脈」，代表較難以讓知識或技能內化，自己也還不夠成熟。

日常生活也有類似的情況。在我們還小的時候，我們會透過父母親或長輩的「別人的語脈」了解社會的運作方式以及與別人溝通的方法，隨著我們長大成人，這些「別人的語脈」便會整合為「自己的語脈」。

尤其在我們進入叛逆期之後，便會根據「別人的語脈」或是「屬於特殊場合的特有語脈」重新編輯「自己的語脈」，如果還只能依照「別人的語脈」或是「特有的語脈」解讀事情的來龍去脈，代表還沒擁有所謂的「自我」，還不是一個成熟的人。

最能證明「別人的語脈」或「特殊場合的特有語脈」整合為「自己的語脈」的例子，就是理解別人的情況與難處，或是了解自己在社會扮演的角色。

年輕的時候，會覺得了解別人的痛苦或是與別人之間的關係只是一種基於道德觀的行為，等到我們年紀越來越大，也越來越成熟，便會對別人的痛苦感同身受，也更容易理解自己與別人之間的關係。

換言之，之所以能站在別人的立場或是角度思考，是因為我們已將「別人的語脈」整合至「自己的語脈」了。

反之，若是未將「別人的語脈」整合至「自己的語脈」，只將重點放在「別人的語脈」，就會被別人操控。比方說，若未完整地經過叛逆期，只懂得聽父母親的話，接受「父母親的語脈」，就會被父母親牽著鼻子走，被父母親的價值觀支配，沒有所謂的自我。

不需要刻意窺探別人的想法

這裡說的語脈也與先前提到的「公私領域假說」息息相關。也就是「不能、也不需要刻意窺探別人的想法」。

若問原因，在於對方的想法屬於「私領域」的範圍，在這個私領域之中，不屬於公領域人格的個人情緒或是行為，就像是一個不斷轉動的漩渦，或者像是一個大熔爐，若是我們伸手進去，就一定會遭受重傷。

或許大家也遇過窺探別人的想法反而被對方討厭，甚至被對方怪罪的經驗。

若問為什麼會忍不住想窺探對方的想法，主要是因為害怕對方生氣或是害怕被對方放棄，以及覺得對方沒說出真心話，這在第四章也已經提過了。

但是就如第三章所述，每個人的想法（私領域）不一定是真心話。

我們的腦海其實像是一灘爛泥，裡面摻雜了別人的價值觀、情緒以及自卑感，如果將這一切視為別人真正的想法，而且還準備窺探這些想法，恐怕會被一堆不合理的想法亂箭射死。

比方說，在餐廳、旅館或是百貨公司的後場看到正在休息的員工時，我們能就此斷定「看吧，員工都會偷懶」嗎？這絕對不是他們「真正的樣貌」對吧。所謂的「真心話」是在公領域顯露的想法與情緒。以店員為例，在上班時段穿上制服、完成自己的工作與責任，才是他們真正的樣貌對吧！

不會被別人操控的人通常不會窺探別人的想法，只將注意力放在對方顯露出的行為或是表情上。

別人的想法是他們的私領域，沒有我們插手的餘地。如果發現對方顯露在外的行為或是表情不合理，不會被別人操控的人通常只會以一句「莫名其妙」帶過，不會去思考「為什麼對方會那樣說話」。

其實被放棄的人也能趁著這時候回到公領域。所謂的常識就是公共規範，如果被別人罵「莫名其妙」，反而能趁機回歸自我（社會人格）。當下或許會有點震驚，但是對當事人來說，這樣反而會比較輕鬆。

換句話說，若一直忙著腦補，合理化別人那些不合理的行為，真的是件非常辛苦的事情。

不要刻意去窺探別人的想法，只將注意力放在對方顯露的行為或表情，才能在自己與他人之間劃出一條明確的界線，公領域才能正常運作，彼此才能正常溝通。

運動選手也懂的忽視技巧

運動選手常給人一種學長學弟制非常嚴格的印象，但是體育界的真實情況又是如何呢？

我曾看過職業足球隊鹿島鹿角的內田篤人選手在現役時代的採訪（《Winning Story：一流的足球選手、指導者的自我實現術（直譯）》岩政大樹著、KADOKAWA）。身為球隊前輩的岩政大樹以採訪者的身份採訪了選手、教練之後，將內容整理成這本書。

其中也採訪了選手內田篤人（當時隸屬於鹿島鹿角隊）。身為採訪者的岩政大樹在最後總結的部分如此描述內田選手：

「篤人總是自行消化別人的意見，再試著調整，這種懂得拿捏的箇中巧妙的感覺很棒。他不會一直全盤接收別人的意見，也不會不理不睬，但是會先以『這時的我做得到嗎？』、『這時的我該這麼做嗎？』這兩個問題過濾，再試著於球場實踐這些建議」。

在接受採訪時，內田選手提到了下列的內容。

「我高中畢業後，以17歲的年齡進入鹿島隊，負責旁邊位置的岩政哥（中略）真的有夠囉嗦的（笑）」。

「不過，就算試著實踐那些建議，但有時還是覺得行不通，所以我便覺得『還是得保有自己的原則或想法』，所以便不管岩政哥說什麼，只朝著前方看，然後舉左手回應岩政哥（笑）」。

從採訪內容出現「過濾」這個字眼便可得知，內田選手並未對別人的意見照單全收，而是會篩選需要的意見，也因此帶領球隊贏得勝利，成為一名具有自主性的選手。

同樣接受岩政大樹採訪的前日本代表DF昌子源選手也如下回答：

「如果覺得別人的意見『好像不太適合自己』，會先跟對方說『知道了』，但不會真的囫圇吞棗地接受，尤其身為國腳的時候更是如此。吉田麻雖然也很厲害，不過我若是覺得他的建議不太適合我，我也不會真的接受」（吉田麻也是在外國打拚的日本代表DF，也擔任隊長一職）

從這兩位足球選手的採訪來看，可以知道這他們不會對資深選手的建議照單全收，而是自行判斷哪些建議該忽略、哪些建議該接受。

這些採訪讓我留下深刻印象的部分是，這兩位選手知道沒有「自己的語脈」，就無法成為好選手這點。他們希望將團隊的戰術、文化、前輩的建議整理至「自己的語脈」，不會不明究理地接受「別人的語脈」或是「特殊場合的特有語脈」。

建議被忽視的前輩也不會大罵「為什麼不聽我的建議啊！」因為他們知道，他們的建議已在對方的語脈之中產生化學反應。

反之，對方若是照著字面意思解讀自己的建議，那麼這些建議反而無法發揮作用，說不定反而會因此氣得大罵「那傢伙根本沒聽懂我說的話」，至於只懂得從字面意義解讀的選手在聽到「成為懂得思考的選手」這類乍看之下很矛盾的建議，有可能反而變得無所適從。

這或許就是你在聽到別人說「聽我的就對了」或是「自己用大腦想想」的時候，會覺得「所以到底該怎麼做才好啊？」的理由吧。

面對人際關係，更需要以自己的語脈忽略別人的意見

到目前為止，介紹的都是與職場有關的例子，也都是必須尊重上司或客戶的意見的高壓環境。

不過就某種意義來看，忽略對方的意見才是真的聽進對方的意見，這一點也不矛盾。前面提過，要在職場完成自己該完成的任務，就必須懂得忽視對方的意見。

除了職場之外，關係或地位較為平等的日常生活也更需要以「自己的語脈」忽略或解讀別人的意見。

在日常生活之中，以「自己的語脈」忽略對方的意見，反而是一種尊重。

讓彼此扮演彼此該扮演的角色，彼此的關係才會變得健全，「自尊心」這種精神免疫力才會發揮作用，創造屬於自己的公領域，進而懂得尊重彼此，彼此的關係也會因此變得更融洽，也不會對彼此說那些想要操控對方的話。

越是像家人這種親室的關係，越需要擁有「自己的語脈」。如果你總是被家人說的話耍得團團轉，代表你總是不假思索地接受「對方的語脈」或是「家人的語脈」。

所謂「對方的語脈」指的就是「對方的想法」。一如前述，窺探別人的想法有如一腳踩進泥沼，會陷入對方的私領域動彈不得。「家人的語脈」則是某些屬於家庭的「不成文規矩」。這類「不成文規矩」往往來自在家族之中，擁有強大影響力的人物的個人情感，會讓你不得不假裝服從這類「家規」。

至於以「自己的語脈」忽略家人的意見是指，**不再受到「家人的想法」束縛，或是跳脫那些「不成文的規矩（家規）」的意思**。

為此，你必須成為自己的主角，以自己的原則忽略或解讀家人的意見，才能打造健全的關係，對方也會覺得這樣比較輕鬆。

如果你之前都不懂得在日常生活之中忽略別人的意見，那麼不管跟誰相處，都有可能無法建立健全的關係。

◆

◆

◆

髮型與穿搭都被家人批評的J小姐，在了解被操控的原理後恍然大悟

看到這裡，想必大家已經知道在第一章介紹的J小姐為什麼會被家人的意見所操控了。

J小姐的媽媽與姐姐想將自己覺得好的髮型或服裝的規則套在妹妹（J小姐）身上，或是因為嫉妒而對J小姐說「我勸妳不要留那種髮型」或是「我覺得妳不適合那件衣服」。

若問這些規則從何而來，有可能來自媽媽或姐姐的自卑感。照理說，媽媽與姐姐應該自己想辦法弭平自卑感，最終卻因為做不到而找妹妹（J小姐）出氣，藉此化解自卑感。

媽媽與姐姐將這些自卑感包裝成某種普世價值或是某種美感，藉此挑剔妹妹（J小姐）的髮型或打扮，淡化那些自卑感，得到暫時的慰藉。

換言之，J小姐的髮型或是打扮之所以會被家人操控，在於原封不動地接受了「家人的想法」或是「不成文的規矩（家規）」。

J小姐若要擺脫這些操控，就必須找回「自己的語脈」。

由此可知，忽視技巧不只是表面工夫，還是能處理人際關係的高度技巧。

「不成文的規矩」無法化爲語言

除非先選擇忽視人們的話語，否則這些話語的真意將不會被真正展現，而這件事很難以語言形容。一如前面提到的B先生，他向前輩請教自己的問題之後，前輩也只跟他說「反正你就好好了解客戶的需求，傾聽客戶的意見吧！」，或是得到「你應該更用心聽取客戶的意見」這類建議。在公司的研修課程也只提到「傾聽很重要」或是「讓我們用心聽取客戶的意見」這類概念。

其實這世上的「不成文規矩」通常很難以語言描述。聽到這裡，大家是不是會很想大喊「幹嘛不早點告訴我這件事啊」。話語真正的意思通常與「字面意思」相反。

當我們身處穩定的關係之中，我們就會不知不覺地熟悉這類「不成文的規矩」。反之，若處在不熟悉的關係之中，說得更清楚一點，若是出現了依附障礙或是心理創傷，就只能從字面解讀語言的意思，也會因此被操控或是陷入混亂。

這些「字面意義」以及無法言喻的「不成文規矩」還有很多種類，無法掌握這類「不成文規矩」也是讓我們覺得生活很痛苦的原因。

如果在與別人商量問題時，對方能連同這類「不成文的規矩」都解釋得很清楚，那當然是再理想不過的事，但其實這點很難做到，所以你就算想向別人求救，對方也只能告訴你那些「字面意義」，你也只能繼續混亂下去。

資深醫師與心理諮詢師都會忽略別人說的話

過去有部名為「怪醫豪斯」的美國醫療連續劇。主角格瑞利豪斯是一位有點厭世、我行我素的醫師。

豪斯是一位名醫，常常能找出其他醫院或醫師找不到的病因，而他的口頭禪則是「說謊是人性（Everybody lies.）」，他會參考患者的說法，卻不會就此信以為真。劇中多次出現患者刻意說謊，或是患者自己不知道自己有所誤會，或是傳遞錯誤資訊的場景。

豪斯的同事雖然認同他的醫術，卻很反對他那句不假修飾的口頭禪，也就是「說謊是人性」這句話，但是，這些相信患者的同事卻常常被患者影響，找不出真正的病因，而不相信患者說詞的豪斯往往能夠找出病因。

雖然這只是連續劇的劇情，但是不完全聽信患者的說詞，絕對不是什麼離經叛道的事情。

就算患者說「沒問題」，只要表情很沉重，沒有醫師會就此相信患者說的話，因為患者不是專家，也不記得做過什麼、吃過什麼，甚至不知道幾點睡覺，所以患者的說詞常摻雜著這類「違反事實的記憶」，而這些記憶就某種程度來說，都是所謂的「謊言」，尤其在精神科的領域之中，還有「解離」這種現象，所以醫師得花更多心思辨明患者的說法。

精神科醫師在診斷的時候，也會觀察患者的氣色、態度、身體狀況以及給別人的印象，也認為「最不值得信賴的就是患者說的話（《心靈、身體與生命》神田橋條治／白柳直子著、IAP出版）。

知名心理諮詢師常說「客戶說的話聽聽就好」，他們似乎是在「聽了客戶說的話之後，自己的身體會湧現一些感覺，然後與這些感覺對話」。由此可知，傾聽別人的說法，與把別人的說法當真的確是兩回事。

只要大家回想一下，應該不難發現自己也曾在面對客戶的時候，並沒有對客戶說的話照單全收吧？當你成為經驗老道的資深員工，就能以「自己的語脈」釐清客戶的意見，以及引導客戶走向正確的方向，同時讓客戶覺得貼心。

前面提到的醫師或是心理諮詢師絕對沒有小看患者或是客戶的說法，而是懂得進一步找出弦外之音。

若問他們為什麼能夠成為知名的醫師或心理諮詢師，答案是他們懂得忽視字面的意思，讓別人的話語內化，成為自己手中的工具。

反之，新進的醫師或是心理諮詢師只會照字面解讀患者的說法，所以會被患者的說法耍得團團轉。

懂得忽略，才能真正聽懂話裡的意思

許多我們常見的食材通常無法直接吃，必須先剝皮或是殺菁才能安心食用。有些食材有毒，所以在吃之前當然要先去除這些毒素。

比方說，白米也得先經過精米與洗米的過程才能吃，否則未經處理的稻米一下肚就會吃壞肚子。

我們之所以能理所當然地享用香噴噴的白米飯，是因為稻米在生產、運輸到烹調的過程之中，經過了層層的檢查與精製的步驟。

同理可證，我們也不能在未經任何篩選之下，全盤聽信別人的意見，必須先檢查內容、排除雜質、丟掉多餘廢物或是有毒的部分，再利用「自己的語脈」好好消化剩下來的部分，才能真的聽進別人的意見。換言之，不先過濾、忽視別人說的話，就沒辦法真正聽懂別人說的話。

其實我們平常都不自覺地篩減別人的意見，而這種難以言喻的流程其實就是「不成文的規矩」。

當我們不了解這些在瞬間完成的步驟，誤以為照單全收別人的意見就是傾聽，最後往往會受到別人的操控。這種情況就像是食物中毒一樣，甚至還會被對方說「你都沒聽懂我的想法」。

對方說的話與你聽到的內容不會完全一致，假設真的完全一致，那麼對方說的話可說是沒有發揮作用。

忽視他人言語正是創造自我價值的方法

以「自己的語脈」解讀話語，不代表是被動地處理話語，而是主動理解消化，藉此創造意義或價值的流程。

比方說，如果人類能夠完全依照字面解釋話語中的信息，還能正確接受對方的意思，會得到什麼結果？

不知道大家是否聽過單純再生產（Simple Reproduction）這個字眼，指的是一味地讓語言再次生產也無法產生新的價值，知識與技能也不會進步，我們的社會有可能會停留在低層次的境界。

想必很多人在小時候玩過「傳話遊戲」，就是由五、六個人輪流說同一個主題，比較第一個人與最後一個人說的內容有多少差異的遊戲。在大部分的情況之下，最後一個人說的內容通常與第一個人說的內容不一樣，這也常常被當成證明人們多麼會加油添醋，謠言有多麼可怕的例子。

不過，若是換個角度來看，便可知道傳話遊戲裡的每個人都以「自己的語脈」解釋主題，每個都賦予話語不同的意義，所以話語也在遊戲過程中不斷地改變，而這不代表「不正確」，只是人類具有自行創造價值或意義的能力。反之，最後一個人與第一個人說的內容若是完全相同，就不會產生任何意義或價值。

看到這個傳言遊戲，或許有些人會擔心以「自己的語脈」解釋別人的意見時，會不會「誤解別人的意見呢？」

就讓我們試著以別的例子說明吧。我們穿的衣服是由專家設計要生產與銷售，而我們在購買之後，把衣服穿在身上。不過，我們在買這件衣服的時候，通常會以自己的語脈評價這件衣服，例如「這件衣服好像不夠好看」、「這件衣服應該可以在這時候穿」。

儘管我們是服飾的外行人，卻還是會以這種凌駕於生產者意圖的方式評價或穿著衣服，比方說，將工作服當成外出服穿，或是在休閒的時候穿著正式的服裝。

這類行為很難說是生產者未正確傳達設計理念對吧？或許生產者看到這類例子時

會說：「我不希望消費者這樣穿」或是「我不懂消費者為什麼這樣穿」。一如在玩傳話遊戲時，傳話的人與接話的人會接受到不同的訊息，無法完全照字面意義傳遞訊息，消費者也創造了生產者預期之外的價值，進而催生新的美感或是流行。

如果生產者能完全控制消費者對衣服的穿搭方式，整個社會就會變得像是極權主義社會，也會變得極度無聊。「被別人的話操控」就是自己的語脈被別人的想法束縛的現象。

前面是以衣服為例，但其實音樂、電影、動漫、電動、美食、文學、政治、經濟以及各種領域的價值都是源自這類「自我的語脈」。

某次我被某本書的宣傳文案所吸引。這個文案的內容是「讓作者自己都沒想到的『思想』具體成形的正式評論」，意思是這本書為讀者提供了連作者自己都沒想到的事情，也就是不能只是單純地接受字面意義的意思。

如果身心健康的話，我們眼前的現實會壓制那些荒謬離譜的誤解，提醒我們產生了哪些誤解，所以當我們不需要擔心誤解會失控時，便能充份發揮創造力。

就連以嚴謹的態度看待語言的哲學家也認為，照字面意義解釋是一種幻想。只有受眾在有可能產生誤解的情況下賦予語言意義，才能讓語言活過來。

中世紀哲學研究學者慶應義塾大學山內志朗教授曾如此說道：

「雖然哲學史被譽為探求真理的歷史，卻也可以被稱為錯誤的歷史！」

「在哲學史之中，天才的誤解被當成正解！」

「真理會催生與招來無數的誤讀。真理只在能產生無數誤讀的地平線或條件誕生，而這種地平線不只一種。」

「哲學就是一連串的誤讀，沒有誤解，哲學就毫無進展。只接受哲學只有一個真理的人，是企圖抹殺哲學、討厭哲學的人！」

「哲學就是誤讀的勇氣！」（《「誤讀」的哲學》青土社出版）

過度重視話語，害怕話語，或是堅持要正確解讀話語的人，會被別人的語脈所操控，話語也會因此死亡，我們也無法發揮創造力。

要求自己正確地解讀，就有可能被那些具有發話權的人操控。話語並非客觀中立的存在。學會忽視才能主動接觸到話語裡的真意。如果我們不懂得忽略，不懂得積極面對，話語就不具任何意義。

話語是由你解釋、由你決定價值的工具，所以只需要輕鬆自由地使用即可，這麼一來，話語才會擁有生命。容我重申一次，就算因此產生了離譜的錯誤，我們眼前的現實也會提醒我們。

忽視技巧並非被動地解釋話語的技巧，而是讓你不再被「別人的語脈」綑綁，讓你主動創造意義與價值的技巧。

6

不要再被別人的話語操控！

學會忽視技巧

直到第五章之前，我們試著推翻那些讓你被操控的因素，也就是所謂的「前提」。這裡說的「前提」是指「話語的重要性」或是「傾聽的重要性」。這些前提一直都束縛著我們，只有當我們能夠真正了解這些前提背後的不成文規矩，我們才能將語言納為己用。

在我們推翻前提之後，就能順利地學習忽視技巧。

本章，也就是本書的最後一章將一邊總結內容，一邊告訴大家，每個人都能隨時實踐的忽視技巧。

◆ ◆ ◆

了解人類與話語的「真實關係」

一如第三章所述，人們的話語其實充滿了雜質，可信度也非常低，而我們人類本身只要遇到一點小事就會變得荒腔走板與不穩定，而且我們善妒、自大，為了消弭自卑感，會不惜把別人當成出氣筒。我們的智慧與認知能力也有限，所以我們不能把別人說的每一句話都當真。

我們必須先把「人類是尊貴的、理性的」、「所以必須傾聽別人說的每句話」這種心情放在一旁。我們該做的是了解人類與話語的真實情況，以及將別人的每句話都當成玩笑話。

不過，若只是這樣，那麼也只是空口說白話，站在原地，無法採取任何行動，所以，讓我們透過「科學」的例子，說明別人的每句話其實都是玩笑話。

近年來，因為新冠疫情爆發的關係，「臨床試驗」這個字眼以及相關的知識也變得耳熟能詳。

在新冠疫情剛剛爆發的時候，法匹拉韋（譯註：**Favipiravir**，一種對抗病毒的藥物名稱）這類用於治療其他疾病的藥物，曾因為對新冠病毒有一定的療效而受到注目，連日本首相也曾經提及，因而讓這些藥物備受注目與期待，連第一線的醫師也提出「這款藥可能真的有效」的意見（話語）。

不過，實際驗證之後才知道，這類藥物「沒有療效」，換言之，前述的事實未能通過認證。

除了法匹拉韋之外，其他備受期待的藥物也有相同的下場。

這些都是因為第一線提出了「這類藥物可能有效」的意見（話語），而且這些意見還都是由專業醫師所提出，很難讓人不當一回事。不過，在驗證之後，卻發現不是這麼一回事。

大部分的臨床試驗都會投入龐大的資金，然後利用幾千人或是幾萬人的資料分階段進行檢驗。這意味著，要確定藥物是否真的有效，也就是要確定「事實」需要經過如此繁複的檢驗，只有幾個人說「有效」是沒有任何意義的。

當我們看到如此繁複的檢驗過程之後，就會知道我們平常接觸的「話語」或是「事實」多麼不可靠以及多麼的可疑了。

許多人都把只有一、兩個樣本的「別人的意見」當真，然後被這些意見耍得團團轉。

比方說，如果有個朋友跟你說「你這裡做得不好」，或者是被上司罵「你這傢伙沒辦法完成工作」，他們說的是「事實」嗎？或許你會覺得「願意提供建議的人都值得信賴或正確無誤的」，可是，這不過是一個樣本而已。這些意見的證據明明就不太充足，充其量不過是這些人因為某些立場或是嫌隙提供的看法，不管從哪個角度來看，都只是未經證實的意見。

若從科學的角度來看，這些在日常生活聽到的意見不過是區區幾個人的看法，根本算不上是什麼事實。從這點來看，這些未經檢驗的意見全部都是不值一提的玩笑話，也完全不需要當真。

如果你覺得自己快要陷入別人的話術之中，請問問自己：「只利用一、兩個受測者的資料進行檢驗的藥物（別人的意見）能夠放心服用嗎？」

不然也可以想像自己要對方「拿出證據」的場景，藉此檢驗對方的意見。你一定會發現，別人的意見幾乎都缺乏證據，都可以直接駁回，也就更能與別人的意見保持距離，輕鬆地忽視這些意見。

注意「捏造的事實」

在聽到別人的說法時，也要注意這些說法是否為「捏造的事實」，因為這世上有些「事實」是捏造的。

比方說，工作總是會因為某些緣故失敗或是成功，有時是因為目標訂得太高而失敗，有時則是因為缺乏公司內部的支援而失敗，更有可能是因為外界的干擾而失敗，如果未訂立清楚的標準，或是未從大局來看，很難判斷事實。

許多人都覺得足球失分的原因與守門員或後衛有關，看到球隊掉分時，可能會大罵「這守門員到底在幹嘛啊」，但是因為前線的選手失誤而掉分的情況所在多有。

進一步來說，教練的戰術或調度若有問題，就肯定會掉分。那麼，守門員真的有必要因為掉分而自責嗎？

如果守門員被隊友責備，或許還有必要說「都是因為你們這些傢伙失誤才掉分的」，如果不這樣反駁的話，那麼「一切都是守門員的責任」這個事實有可能會成真。

眾所周知，在美國的社會裡，黑人的所得比白人低，犯罪率也比白人高，但如果有人因此覺得「黑人比白人差」，那就大錯特錯了。

被當成奴隸擄來美國的黑人是在語言與文化都斷絕的環境下求生，而且飽受社會大眾的歧視。雖然美國政府給予支援，但還是不太足夠。或許大家會覺得「只要夠努力就能戰勝環境」，但是每個人的鬥志或是努力都需要環境的支持。

其實日本也有類似的情況。眾所周知，能讓小孩進入東大念書的家庭，家戶所得都高於平均值。由此可知，就連學歷或是年收入這些普遍認為是可透過努力贏得的個人條件，其實也是「世襲」的。

不把這些部分列入考慮，只針對個人以及最後的得失分判斷成功、失敗，或是當事人的價值，這種結果真的可以說是「事實」嗎？（忽略環境的影響，將所有原因歸究於個人的現象稱為「個人歸因」）。

在被這類看似冠冕堂皇，卻是「捏造的事實」操控時，請務必提醒自己「要考慮環境的影響，請對方拿出證據，證明自己的說法」（這些事情留在心裡就好，不要真的講出來），如果預測對方無法拿出證據，就可以告訴自己「證據不足」，然後駁回對方的說法。

釐清「自己的語脈」

一如第五章所述，若不忽視話語，就無法理解話語中的真諦，而所謂的忽視則是以「自己的語脈」篩選與解釋話語。

那麼具體的流程是什麼呢？

答案就是釐清「自己的語脈」。

了解平日的言語交流，只要能釐清「自己的語脈」就能有所改變。所謂「自己的語脈」就是自己的價值觀、知識或是想法。

當我們只從字面意義接收別人的意見時，其實就是不假思索地接受了「別人的語脈」，但是當我們以「自己的語脈」篩檢或解讀，就是完全不同的方式看待話語。

以工作為例，當我們將工作方面的知識整合為「自己的語脈」，就能很有自信地根據自己的判斷決定要忽視哪些建議或意見。

如果之前只懂得從字面意義解讀別人的「意見」，不妨在解讀之前留點時間，讓自己認知「自己的語脈」，透過「自我的語脈」篩選話語訊息，定義話語在語脈之中的定位，再根據「自己的語脈」回應對方。

一如第五章所述，當我們懂得這麼做，反而能夠判讀對方的想法，對方也會覺得「這傢伙真的聽懂我想說什麼」，溝通也會變得更順暢。

將「別人的語脈」重新整合成爲「自己的語脈」

有時候會無法順利建立屬於自己的語脈，此時可**試著將「別人的語脈」整合為自己的語脈**。

當你被別人的意見或是建議要得團團轉的時候，請先試著釐清「該做什麼」、「不該做什麼」、「必須扮演○○角色」這些重點，或是找出「所有的○○都是○○」、「肯定是○○無誤」這些慣例，這些規定或是常識通常都來自「別人的語脈」或是「特定場合的語脈」。

接著再試著反駁（否定）這些「別人的語脈」或是「特定場合的語脈」。比方說，「我知道該做什麼，但有時候不一定非得這樣做吧？」或是「世事無絕對吧？」。

以工作為例，「收到信件要立刻回覆」就是別人的語脈，此時可以試著問自己「有時候是不是要根據對方的情況，過一段時間再回信比較好？」或是「現在還有其他的工作要做，等做完再回信會不會比較好？」

若是日常生活的話，「不能拒絕朋友的邀約」或是「不知道還有沒有機會接到邀約」就是別人的語脈，此時不妨告訴自己「接受邀約可能會沒辦法做自己想做的事」、「如果拒絕邀約，對方因此跟我斷交，那對方也不是什麼真正的朋友」、「拒絕對方的邀約說不定能遇到更好的機會」。

懂得如何判斷那些別人的語脈或是特定場合的語脈之後，就自行決定最適合自己的思考邏輯與行動方針，久而久之，就能擺脫「別人的語脈」而擁有「自己的語脈」。

擁有「自己的語脈」就能學會忽視技巧，還能解決各種煩惱以及生活的痛苦，當然也不會再被別人說的話操控。

試著從別人的話語中找出那個「冒牌貨的自己」

一如第一章介紹的J小姐，被父母那句「你就是○○」所操控的例子非常多。

比方說，「你就是很無聊的人」、「你就是很自私的人」，許多人都會被這些來自家人或朋友給你的標籤而制約。

因為夫妻不和而悶悶不樂的母親很可能為了洩憤而跟小孩說：「你這個樣子真的跟你爸沒兩樣」，這類例子其實非常常見。

這種由別人的情緒性的話語形塑的「自我」並非真正的自我。要想擁有「自己的語脈」，就必須找出這類曾經加諸在自己身上的批評或標籤，然後再予以排除。

具體來說，可試著在筆記本寫下「我是○○」或是「我就是○○」這種對自己的定義，也試著釐清哪些只是別人情緒性的批評或責備。

在了解本書中說明的真實情況之後，光是寫出這些對自己的定義以及別人的給予的標籤、批評與責備，就能解開束縛（如果還是覺得自己無法擺脫這些束縛，就試著以前一節介紹的技巧反駁這些批評或責備）。

◆　◆　◆

建立「自己的語脈」

就工作而言，有時候會需要一些具體的指點，比方說：「如果這樣做會比較好」或是「這個部分要多注意」。容易被別人操控的人總是習慣從字面意義解讀這類指點或是建議，然後越是這樣，就越動輒得咎，也很容易不斷地犯錯與失敗。

要想避免這種情況發生，可試著暫時忽略這類業務方面的指點或是建議。比方說，一邊感謝對方，一邊假裝聽到了。

有些人看到這裡會懷疑「連那些指點或建議都忽視的話，不就沒辦法完成工作了？」但是，若全盤接受這些指點或建議，就無法順利建立「自己的語脈」。

如果換成運動或是興趣的例子，應該會更容易了解。或許大家也曾打過高爾夫、網球、羽毛球，或是參加過學校社團。

有些前輩或是教練會跟你說「這樣打比較好」，但是當你的身體或是技術都還沒準備好，是無法實踐這些建議的，尤其在從事那些不習慣的運動時更是如此。照著原本的習慣運動比較輕鬆，所以很難體會這些建議。

雖然沒辦法立刻實踐這些建議，但是當你不斷地犯同樣的錯，或是不斷地練習基本工夫，慢慢地就能實踐那些建議，這代表「自己的語脈」已經成長了。

日本海軍聯合艦隊司令官山本五十六曾說「做給他看、說給他聽、讓他嘗試，若不給予讚美，人不會主動」。

當時的海軍候補幹部都是菁英中的菁英。雖然都是能舉一反三的人材，卻無法在接受建議之後，立刻予以實行。這都是因為還沒建立「自己的語脈」就不會（無法）實踐這些建議的緣故。

哈佛商學院向來以創新研究聞名，而在哈佛商學院擔任教授的克萊頓克里斯汀生（Clayton M. Christensen）曾在以人生、培育下一代的著作《你要如何衡量你的人生？》（與詹姆斯歐沃斯、凱倫狄倫合著，天下文化出版）如此說道：

「孩子不是在你準備好教他們的時候學習，而是在他們準備好學習的時候學習」

他也曾經詢問帶孩子帶得很好的朋友「都是怎麼帶孩子的？」，也將對方的回答寫進這本書裡。

「我和先生曾經非常用心地把我們家的核心價值觀告訴孩子，沒想到後來問他們，他們一個也沒記住！」

這意思是，我們不是透過耳朵理解「話語」，而是透過在日常生活接觸的一切培養「自己的語脈」，並在一切準備就緒的時候產生改變。

最糟的教育方式應該就是硬讓小孩坐下來，命令他們「記住我說的每句話」。這樣絕對什麼都學不會。

就算聽到了與工作方面的指點與建議，我們也無法立刻實踐。不合時宜的指點與建議，往往是一種毒藥。從第一章與第五章介紹的B先生就可以知道，如果一味地從字面意義解讀工作方面的建議，也試著根據這些建議改善，往往只會陷入混亂。說到底，旁人的話語只能忽視。**我們只能像是在植物的根澆水一樣，等待自己的語脈慢慢形成**。

如果遇到好上司，或許能透過對方的指點了解所謂的「語脈」，但這種幸運可說是少之又少，通常我們都無法完全實踐對方的建議，只會因為對方的建議而亂了陣腳，所以建議大家先忽略別人的建議，再試著從這部分努力。你自己得思考要建立「自己的語脈」需要哪些事物，一邊等待自己的語脈形成，一邊完成該完成的工作。

在第五章介紹的一流足球選手也是這樣面對教練或是前輩的指導。

不要窺探別人的心情或想法

第五章也提過，無法掌握語脈，被別人說的話耍得團團轉的人，總是習慣看別人的臉色，或是窺探別人的想法，而不是從語脈解讀對方真正的意思。

別人腦海裡的想法是別人的「私領域」，其中沒有對方的真心話，更沒有所謂的真心，有的只是一堆混在一起的正面與負面的想法，很像是裡面充滿了岩漿的熔爐或是反應爐，一旦窺探別人的腦海，就會被那些負面的能量吞噬。

別人的心情也屬於一種情緒，往往會在與你無關的地方起伏。或許對方有一些個人的問題，也有可能只是因為身體狀況不好，又或者被過去的自卑感影響而莫名其妙地心情低落。不管如何，對方的這些心情都得由自己消化，與你一點關係也沒有。如果明明跟你沒有半點關係，你卻因為「該不會是我害的吧？」而莫名地問對方為什麼心情不好，對方說不定會因為自卑感作祟而故意對你說「對啊，都是你害的」。

時時刻刻把「真正的人格是社會化的人格」、「不要窺探別人的心情與想法」這兩句話放在心裡，只處理對方表露的一言一行就好，不要管那些與你沒有半點關係的事情。

如果發現自己在意別人的心情或是想法，就問問自己「是不是想要窺探對方在想什麼」，慢慢地就不會再被別人牽著鼻子走了。

切斷意識的藍牙訊號

有個方法能幫助大家實踐前一節介紹的「不要看對方的臉色、不要窺探別人的想法」，那就是「切斷意識的藍牙訊號」（藍牙是智慧型手機使用的無線通訊規格之一，可以讓裝置在沒有線纜連接的情況下交換資訊）。

具體該怎麼做呢？如果忍不住窺探對方的想法，就將自己看成一台智慧型手機。

接著想像「意識的藍牙訊號」連入對方的大腦之中。有時候訊號不只一個，會同時有好幾個，此時可試著想像自己一個一個截斷這些訊號。

能夠掌握這種「意識的藍牙」連入對方大腦的感覺（截斷訊號之前的感覺）之後，就試著讓自己在平日與別人接觸時，不要讓這種「意識的藍牙」連入對方的大腦。這對習慣讓「意識的藍牙」連入對方大腦的人來說，會有種莫名寂寞或是無奈的感覺，但這種狀態正是能夠區分他人與自我的正常距離。

不要體貼對方，不要與對方產生共鳴

曾幾何時，「有同理心」變成一種美德，所以有不少被別人說的話操控的人，都覺得「一定要有同理心」，無法忽視別人說的話。一旦認為「有同理心」是對的，就無法忽略別人說的話，會覺得傾聽、理解、體諒別人是件好事。

不過，「同理心」真正的意義與這些常識根本是兩回事。精神科醫師或是心理諮詢師也不會產生這些一般人口中所說的「同理心」。

第五章提到的知名精神科醫師神田橋條治就在前面介紹的著作如此說道：「醫師要以冷漠但誠懇的態度或是被患者說『醫師好冷淡』的態度面對患者」或是以「不冷不熱的態度面對患者」。換言之，一般人口中說的「同理心」不是真正的同理心，只是單純地捲入了對方的私領域而已。

這跟要救溺水的人，不能連自己一起溺死是一樣的道理。一起感到痛苦就糟了，因為這樣完全無法拯救對方，醫師若不保持冷靜就完蛋了。

當我們遇到困難或是陷入恐慌時，如果來幫忙的人能夠冷靜地掌握情況，我們也會更加放心，也能跟著冷靜下來，對方也能安慰我們「真是辛苦了」。保持適當的距離，不會太靠近，也不會離得太遠，這才是真正的「同理心」。

那些常被別人說的話操控的人，對於別人的體貼根本就不是所謂的「同理心」，只是被「捲入」別人的「情緒」而已。如果你覺得自己好像快被別人的意見影響，不妨問問自己，是不是產生了錯誤的同理心，或者是被捲入別人的情緒，接著便以冷漠的態度忽視對方說的話。就算真的得接觸對方，也要先與對方保持適當的距離，等對方求助再說。

自行創造「公領域」

接著想進一步探討前一節的內容。這是源自「公私領域假說」的應用技巧。

簡單來說，「公私領域假說」就是「人類會在公領域無法正常運作時變得不穩定，以及會在公領域正常運作時，保有真正的自我」。

若問精神科名醫神田橋那句：「醫師要以冷漠卻誠懇的態度面對患者」為什麼是正確的，答案就是這種態度能夠創造「公領域」。

與對方保持適當的距離，能讓對方進入自己的公領域。由於公領域能讓人保持穩定，所以對方就能變得冷靜。換句話說，**可以提醒對方「這才是原本的你對吧？」幫助對方找回「社會化（公領域）的人格」**。

之所以不知該如何是好與陷入煩惱，通常是不知道該怎麼安撫內心的私領域，以及不知道該怎麼管理自己的私領域，此時透過同理心創造的公領域就像支架，能讓私領域升華為公領域，讓我們變得穩定。

反之，一般人口中的同理心不過是窺探他人私領域的態度，這只會讓我們被捲入對方的私領域，失去自己的主體性，變得更不穩定而已。

在電影《神隱少女》之中，主角千尋在遇到腐爛神以及失控的無臉男時，態度就顯得十分冷淡。另一方面，其他員工雖然輕聲細語地接待無臉男，但是無臉男卻更加失控，還把這些員工吞進肚子。千尋的態度雖然惹怒了無臉男，無臉男卻因此冷靜下來，恢復成原本的自己。

具體來說，請與對方保持適當的距離，同時客氣地面對對方，藉此喚醒對方「社會化（公領域）的人格」，如此一來，就能在你的身邊創造「公領域」。

「親兄弟也要明算帳」說的就是這麼一回事。只要在身邊劃出公領域，自然而然就能創造難以越雷池一步的氣氛，也能就此在自己與他人之間劃出一條明確的界線，當然就不會再被別人說的話操控，也能輕易閃開別人說的話。

別因閒言閒語走心！先在身體的「玄關」或「櫃台」處過濾話語

我們通常會在玄關或是客廳接待客人，不太會特別請對方進入寢室，尤其是不熟的人，通常只會在玄關結束對話。

同理可證，公司有所謂的警衛，入口也有匣門，辦公樓層與接待樓層也是分開的。如果有來路不明的人上門推銷，不是讓對方吃閉門羹，就是先在玄關問問對方的來意。

面對「話語」的心態也是一樣。假設自己是一棟「房子」，「別人的閒言閒語」基本上就是在玄關處妥善解決，不要讓這些話登堂入室傷害自己的內心。

那些容易被別人說的話操控的人，總是把別人的話當真，這就像是讓不熟的人進入寢室一樣。

一如前述，別人說的話通常摻雜了許多雜質，而且可信度非常低。如果隨便讓這些話進入身體，只能說戒備實在太過鬆散，所以一開始要先在「玄關問清來意」，也就是將對方說的話擋在外面，確定對方說的話有一定的參考度之後，才讓對方進入你的「房子」。

具體來說，當別人想要透過一些話術操控你，就要懂得將這些話術擋在外面，就像是將陌生人擋在大樓入口的匣門之外，讓那些話術以及說這些話的人不得其門而入。接著可以想像警衛或是櫃台人員正在跟對方說「如果您有事拜訪的話，請出示ID卡或是證明書（證據）」。

所謂的證明書不能只是一兩個人的意見（證據），也不能是「捏造的事實」。在經過這些審查之後，你會發現大部分的人的意見都無法通過匣門。

大家也可以想像成警衛與櫃台人員正跟對方說：「很遺憾，這些似乎只是你的『意見』或『感想』，無法讓您通過，還請你就此離開」，這樣的效果會很不錯，心情也會很爽快。

面對話中有話或似是而非的意見就該俐落地拒絕

在漫畫《死亡筆記本》（原作：大場鶇、作畫：小畑健、集英社出版）的尾聲有下面這個場景——

《死亡筆記本》描述主角夜神月無意間撿到死神遺落的死亡筆記本，進而用這個死亡筆記本屠殺罪犯的故事。只要在死亡筆記本寫上對方的名字，對方就會死掉，所以夜神月便在死亡筆記本寫上窮凶惡極的罪犯的名字。不過，當警察與偵探展開調查，夜神月也慢慢地成為嫌疑犯。

在故事的尾聲，夜神月被繼承世界知名偵探「L」遺志的警官逼入絕境之後，對包圍自己的警官進行了一場企圖起死回生的大演講。

他提到許多窮凶惡極的罪犯都被他制裁，全世界的犯罪率也因此減少了七成，許多人的想法也跟著改變。還問這些警官：「你們真的可以抓我嗎？難道你們不是為了自己或是自尊心作祟才想要抓我嗎？你們錯了，快仔細想想我說的話吧！」

讀者讀到這種猶如公共哲學的命題之後，或許會覺得「說不定夜神月才是對的」，或者是突然陷入長考。

然而繼承名偵探L遺志的尼亞卻忽視了夜神月那看似再正當不過的演講，而且還對夜神月說：「不對！你不過是殺人犯而已」、「你是不是以為自己是神？其實你什麼都不是，只是瘋狂的殺人魔！」，駁斥了夜神月的狡辯。

而且尼亞還繼續說道：

「就算真的有神，就算真的有神諭，我也會自己決定神的話語是否正確」。

這可說是我們在面對別人的意見時的最佳態度。

就算是很受歡迎的人、人格高尚的人、天才、偉大的領袖、工作能幹的人或是「神」的意見，也是由你自己決定、判斷這些意見是否正確。

尤其這世上有許多人企圖透過某些意義深遠的話操控別人，有些人也想讓別人以為「我很厲害（所以相信我說的話吧）」藉此取得話語權。我們不需要多想這些意見「是否正確、是否別具深意」，只需要根據自己的標準斷然取捨這些意見即可。

透過「直覺」判斷

利用「自己的語脈」篩選別人的意見時，有一件非常重要的事情。那就是「透過直覺判斷」。這裡說的直覺，就是英文「gut feeling」的意思，這個英文直譯的話是「腸道的感覺」，換句話說，就是這些意見是否「合理」或是「認同」的意思。

人類根據理性判斷事物時，往往會判斷錯誤，所以要以身體的感覺判斷事物。

將棋的棋士也是先憑直覺下棋，後來再檢討下棋的邏輯，資深的醫師或是心理諮詢師也是靠著體感找出患者話裡的意思，以及與自己的感覺對話。

在判斷別人的意見是否值得傾聽時，不可以憑胸部以上的部位（包含頭部）判斷，而是要以丹田（肚臍以下）或是胃腸附近的感覺判斷，看看這些部位的感覺對不對。

我知道，或許一開始不太能夠體會這是什麼感覺，但每個人都擁有這種潛質，只要懂得體會，就能立刻判斷別人的意見對自己是否有價值。

比方說，買東西的時候，我們都會問自己這個東西是否值得買，這時候就要靠直覺判斷。

至於「現在不買，說不定就會錯過」或是「要想擁有美好的假期，就應該買下這個東西」這類情況，都是沒有透過直覺判斷，一頭熱或是衝動消費的情況。這就是只用理性思考，導致判斷錯誤的狀態。

話語不是用耳朵聽，而是用身體聽。大家可先問問自己的直覺，如果覺得討厭或是覺得莫名感到不安，那麼不管對方的意見有多麼正當，都先忽視再說。如此一來，也比較容易分辨這些意見是否為「捏造的事實」。

特別注意「You are NOT OK.」這句話

前一節介紹的那些看似再正當不過的意見之中，也常常包藏「You are NOT OK.」這類訊息。「You are NOT OK.」是一句挑剔別人的話，有「你很沒用，所以聽我的」的意思，換句話說，就是在找碴。

基本上，人們沒有干涉別人的資格與權利，要想越線干涉別人，就只能找別人麻煩，比方說，小混混會故意撞別人的肩膀再找碴。

因此，有些人會以最冠冕堂皇的口吻對你說「You are NOT OK.」，試圖操控你。比方說，對方會跟你說「你的態度讓我很受傷」或是「你這部分讓我很不爽」。

有些人甚至會不惜移動足球球門，讓你沒辦法成功射門，再跟你說「You are NOT OK.」。在職場也有類似的情況。比方說，故意放大他人的小失誤，藉此大聲叱責對方的上司與前輩有可能就是這種人。

在「建立自己的語脈」一節也提到，如果是真的需要的意見，就算你沒聽進去，也會像是從根部吸收水分一樣，自然而然地化為自己的養分，所以若有人對著你說「You are NOT OK.」就予以忽視吧。

不要被那些假規矩操控

數量上僅次於那些冠冕堂皇大道理的就是用「規矩就是這樣」、「這是常識」等這類話術包裝個人私心或是私慾來操控人心的情況。我把這些稱為「不成文的規矩」（假規矩）。

由於人類是社會性的動物，所以很難抗拒「規矩就是這樣」這句話，而且會莫名地抗拒不守規矩這件事。所以就算自己的一言一行不合理，也會硬要說「規矩就是這樣」，聽到這句話的人也會因此被操控，難以忽視這句話。

最顯而易見的例子就是學校的霸凌或是黑心企業那些扭曲的內規或秩序。比方說「都是那個不懂合作的傢伙有問題」就屬於這類奇怪的秩序，但其實讓這類秩序得以形成的是那些霸凌的加害人，或是默認這一切的人的自卑感或是私心。為了撫平個人的自卑感，才謊稱「都是那傢伙的錯誤」。

源自這類不成文規矩（假規矩）的詭辯要特別注意。

遇到這類話術時，我們要根據社會的常識（公共規範）判斷是否正確，其中是否挾雜著加害人的自卑感，再決定要不要予以忽視，尤其當那些人說的話與你的直覺衝突時，更是該毫不猶豫地忽視。

重新認知「任何人都無權干涉別人」的這件事

這本書一再重申的是，基本上人類沒有干涉別人的資格與權利。是的，誰也沒有。我們通常是以「我是覺得○○」、「我討厭○○」這種第一人稱的方式與別人溝通，至於對方怎麼解讀，這是由別人決定。

反之，若以第二人稱或第三人稱的方式溝通就是在模糊自己的錯誤，是非常奇怪的說話方式，因為明明沒有干涉別人的權利，卻以別人為主語，以「你總是……」、「人類總是……」主張自己的意見。雖然這不算是「網路釣魚詐騙」，卻讓人有種假裝成別人、硬要把話塞進別人的感覺，這就是一種「僭越」的行為。

簡單來說，「你總是……」、「人類總是……」這種僭越的說話方式不需要理會，只需要在腦中大喊「喂，你哪位啊？」忽略對方的話語就好。

在提供心理諮詢服務時，我會建議大家從「行動（Doing）層級」與「存在

（Being）層級」分類與人類有關的事情。

以這種分類看待與人類有關的事情時，與人類話語有關的是行動（Doing）層級而已，沒有人有干涉存在（Being）層級的權利。

存在（Being）層級是只有神可以碰觸的領域，所以只要有人出言干涉存在（Being）層級就不需要理解，立刻予以忽視即可。因為對方沒有權利出言干涉，所以從一開始就不需要理會（若問哪些是與存在（Being）層級有關的語彙，最具代表性的就是那些人身攻擊的惡言惡語）。

而這種干涉存在（Being）層級的行為就是所謂的「騷擾」。

如果覺得自己快要被對方説的話影響，就問問自己「對方有什麼資格（權利）干涉？」如此一來，就會知道對方不過是透過某種立場或是找碴的方式，硬要你接受那些不合理的事情，就算你已經被對方影響，也能立刻踩煞車，忽視對方説的任何一句話。

享受言語之美！善用言詞

你是否還記得小孩曾經很討厭大人表裡不一的模樣，或是很討厭大人說的客套話呢？

我有過這樣的經驗。我曾有一段時間很意氣用事，總想著「誠實地使用語言」這件事，卻慘遭滑鐵盧。當語言變得越來越沉重，我也越來越不懂得怎麼說話，也被別人說的話所操控，什麼好事也沒發生。

若問我為什麼會這樣，答案是話語充其量只是工具，必須輕鬆地使用，如果太過重視，反而無法隨心所欲地使用。

此外，我也曾覺得別人說的每句話都是「真心話」，以致於被耍得團團轉。

由於語言往往沾附了許多細菌，如果原封不動地接受別人說的每句話，那當然會生病。

一如「別因閒言閒語走心！先在身體的『玄關』或『櫃台』處過濾話語」一節所述，話語是在屋簷底下輕鬆使用的媒介。如果每句話都要搬回自己的寢室，就會變得越來越沉重，也會被如此沉重的話語所操控。

就像大嬸、大叔會在街頭巷尾輕鬆聊天一樣，**重點在於隨心所欲的交流**，這也能幫助我們學會忽視技巧。

前面提過「大多數的話語都是玩笑話」，我們必須「以遊戲的心態面對閒言閒語」，將話語當成一種遊戲的道具看待。

只有當我們能夠輕鬆自在地說話，才能進一步學會使用話語的技巧，讓我們知道如何「更細膩地使用話語」或是「在不同的情況話不同的話」。

無論如何都會被別人說的話操控？試著將「感覺」退回去

就算實踐本書介紹的忽視技巧，也不一定就能忘掉別人說的話，或是讓你的身體擺脫那種討厭的感覺。

就算是心理諮詢師，偶爾也會遇到這種情況，所以最後要教大家怎麼擺脫這種討厭的感覺。

答案就是「試著將感覺退回去」。

前面提過，人類就像是某種雲端裝置，我們的感覺有九成以上都是來自外界，也就是別人的感覺，尤其負面的感覺更是如此。這就像是智慧型手機的待機畫面是討厭或可怕的圖片一樣。不過，這都是存在雲端的圖片，智慧型手機本身一點也不讓人討厭或是害怕。不管是這類來自外部的資料還是其他資料，智慧型手機都能正確處理這些資料，以及正常地運作。

當我們的身心都十分穩定（公領域正常運作），我們就能控制自己與外來的感覺，也不會跟著這些感覺隨波逐流。

不過，當我們被捲入別人的私領域，就無法控制來自別人的感覺，漸漸地會將這些負面的感覺當成自己的感覺。

一旦陷入這種狀態，請主動清除這些感覺。

具體來說，就是閉上眼睛，感受那些想要排除的厭惡感，接著在心中默念「請讓這種感覺回到原本的地方」或是想像這些厭惡感離開你的身體，升上天空。

是的，只需要這麼做。過了一會兒你就會發現「咦？心情怎麼突然變輕鬆了」。如果這種厭惡感一直揮之不去，可以多試幾次，我自己有時候也會這麼做。我每次在做之前都會覺得「這樣做真的有效嗎？」但每次都很有效。

如果你想要忽視別人說的話，卻總是擺脫不了那些討厭的感覺，請務必試試這種「將感覺退回去」的方法。

爲了與他人共事，也爲了活出自我

猶太人哲學家馬丁布伯（Martin Buber）曾在著作《我與你》（商周出版）如此說道：

「『我』與『你』相遇之後，才成為真正的「我」。當我成為真正的「我」，我才能夠把對方稱為「你」。一切真實的生命，都是相遇。」

一如人類是社會性的動物，沒有別人就沒有自我，與此同時，未確立自我，就無法與別人建立真正的關係。

我們之所以容易被別人說的話操控，完全是因為自己與他人的關係不健全，無法理解真正的自己，也無法理解他人，也才會覺得那麼痛苦。

本書要幫助大家抹除對他人話語的過度幻想、找回自己的話語權，更藉此建立健全的人際關係，這也是本書的終極目標。

當你學會忽視，就能找到自己，也能與別人建立真正的關係。

如果你讀到這裡，覺得本書有些幫助的話，有空的時候請務必重讀幾遍，試著實踐本書介紹的方法，如果覺得自己無法忽視別人的話，請試著重讀本書。

過了一個月、三個月、半年、一年、三年，你就能發現自己改變了，我也會一直為你的努力而加油。

【結語】

非常感謝把這本書讀到最後的讀者，真心感謝。

其實我曾經與各位一樣，被別人話語耍得團團轉，也曾經覺得要用心傾聽別人說的話、要有同理心而被別人操控，因為太把別人說的話當真而迷失自我。不過，當我實踐了本書介紹的方法，真的覺得非常地輕鬆。在撰寫本書時，我自己的經驗也派上用場。

本書的主旨在於破壞那些束縛我們的「前提」，讓我們重新建構自我，但是我不希望強迫大家接受我的想法，也不希望本書只是一本告訴別人「該怎麼做」的書，而是希望透過不同的視角，幫助各位讀者強化「自我」。

如此一來，各位讀者就能透過不同的理解方式，在日常生活之中，勇敢地面對別人說的每一句話。除了忽視技巧之外，本書也為了幫助大家進一步應用忽視技巧而寫了一些進階的內容。